너무 재밌어서 잠 못 드는
해적의 세계사

너무 재밌어서 잠 못 드는
해적의 세계사

초판 1쇄 인쇄 2023년 02월 20일
초판 1쇄 발행 2023년 02월 27일

지음 다케다 이사미 **옮김** 이정아

펴낸이 이상순 **주간** 서인찬 **영업지원** 권은희 **제작이사** 이상광

펴낸곳 생각의길
주소 (10881) 경기도 파주시 회동길 103
대표전화 (031) 8074-0082 **팩스** (031) 955-1083
이메일 books777@naver.com **홈페이지** www.book114.kr

생각의길은 (주)도서출판 아름다운사람들의 인문 교양 브랜드입니다.

978-89-6513-775-7 03900

─────────────

SEKAISHI WO TSUKUTTA KAIZOKU
Copyright © TAKEDA ISAMI 2011
Korean translation rights arranged with CHIKUMASHOBO LTD.
through D&P Co.,Ltd., Gyeonggi-do.

이 책은 (주)디앤피코퍼레이션(D&P Co.,Ltd.)을 통한 저작권자와의 독점계약으로
도서출판 아름다운 사람들 에서 출간되었습니다.
저작권법에 의해 한국 내에서 보호를 받는 저작물이므로 무단전재와 복제를 금합니다.

이 도서의 국립중앙도서관 출판예정도서목록(CIP)은
서지정보유통지원시스템(http://seoji.nl.go.kr)과 국가자료종합목록구축시스템(http://kolis-net.nl.go.kr)
에서 이용하실 수 있습니다. (CIP제어번호 : CIP2020015868)

파본은 구입하신 서점에서 교환해 드립니다.

너무 재밌어서 잠 못 드는

해적의
세계사

다케다 이사미 지음 | **이정아** 옮김

생각
의길

차례

머리말

어떻게 해야 풍족하고 번영할 수 있을까? 산업을 진흥하는 국가, 외국 자본을 유치하는 국가, 자원 에너지를 개발하는 국가, 영토를 확장하는 국가, 전쟁을 일으키는 국가 등 세계사에 돌아보면 부를 추구한 국가의 여러 모습을 발견한다.

흔히 교과서에는 기술 혁신, 농업 근대화, 산업혁명, 영토 확장, 이민 수용, 보호 무역, 자유 무역, 정보 통신의 자유화, 개혁·개방 등, 부를 추구하려 펼친 다양한 정책의 흐름을 기록하고 있다. 국가 전략으로써 '부국강병'이라는 말도 눈에 띈다. 그런데 '교과서에는 나오지 않는' 방식으로 부를 축적하려고 애썼던 국가도 있다. 바로 16~17세기의 영국이다.

영국은 부를 축적하는 수단으로 해적 행위를 이용해 200년이 넘는 세월 동안 대영제국(British Empire)을 유지했다. 물론 대영제국을 확립하는 데는 산업혁명의 영향이 컸으나 그 밑천의 일부에 해적이 가져온 약탈품, 즉 '해적 머니'가 쓰였다는 사실은 부정할 수 없다. 해적(Pirates)은 바다를 무대로 강도를 일삼는 범죄자이지만 영국인 사이에서는 '바다의 개'(Sea Dogs)로 널리 알려져 있다. 영국은 해적을 범죄자가 아닌, 근대 국가의 주춧돌을 놓은 '영웅'으로 정의하여 해적 행위를 합법화, 정당화해온 것이다.

해적을 정당화할 때에는 탐험가(Explorers)나 항해가(Mariners), 모험 상인(Merchant Adventurers) 등의 말을 사용했다. 또 후세의 역사가는 왕실에 봉사했던 해적선을 일부러 정부로부터 무장할 권리를 인정받은 민간 선박을 뜻하는 사략선(Privateers)이라며 왕실이 관여한 해적 행위를 합법화 했다. 사략선의 해적은 보통 사략선원으로 번역한다. 약탈 행위에 나서도 국가 권력과 손을 잡으면 해적은 탐험가나 모험 상인으로 불리며 영웅으로 대우받는다. 국가 권력과 무관하면 범죄자로 취급하여 법의 심판을 받는다.

영국 런던 중심부에서 템스 강 남쪽으로 내려가면 그리니치 천문대 주변에 국립해양박물관이 있다. 이곳에서는 16세기에 영국인으로서 처음 세계 일주 항해를 성공한 프랜시스 드레이크(Francis Drake)를 엘리자베스 여왕 시대의 '탐험가'로 소개한다. 청소년을 위한 시리즈 도서의 위대한 탐험가 편에서는 '영국이 자랑하는 신대륙 발견

시대 최고의 해양 모험가'라며 드레이크에 대한 칭찬을 아끼지 않는다. 사실, 드레이크는 영국을 대표하는 거물 해적이자 스페인과 포르투갈을 상대로 시도 때도 없이 노략질을 일삼은 '약탈 왕'일 뿐이다. 드레이크는 이후 엘리자베스 1세로부터 기사 작위(Knight)를 받는데, 이는 드레이크가 빼앗아온 재화와 보물이 영국에 가져다준 막대한 부 덕분에 받은 것이지만 그의 세계 일주는 그다지 큰 영향을 미치지 못했다. 이는 당시 여왕과 해적의 특별한 관계, 영국의 정세를 여실히 보여주는 사례이다.

엘리자베스 1세 시대에는 영국이 '해양 국가' 혹은 '해적 국가'로 성장하기 위한 요소가 가득했다. 대국 스페인의 해군인 '무적함대'(Armada)에 승리를 거둔 이후 영국은 유럽에서도 가장 이채로운 존재감을 드러냈다. 인도양에서 동남아시아 해역을 거쳐 태평양까지 모두 포괄하는 지리적 개념을 '동인도'라며 해외 무역으로 세계 시장을 움직이는 '동인도 회사'를 설립했다. 동인도 회사는 향신료, 커피, 홍차, 녹차를 수입하는 등의 활약을 통해 잘 알다시피 눈부시게 발전했다.

스페인이 지배하던 카리브 해에서 아프리카계 흑인을 대량으로 밀수한 자들도 영국의 무역 상인이었다. 이러한 국면마다 여왕은 권력자, 배후, 투자가로서 늘 존재했으나 모든 사건에 깊이 관여하며 선두에 나서 움직인 것은 해적이다. 현재의 세계적인 보험 회사 로이드, 고급 홍차로 유명한 회사 트와이닝스(Twinings) 역시 과거에는 해적 및 그 후예들과 떼려야 뗄 수 없는 관계였다.

해적은 엘리자베스 1세 시대의 경제적 기반을 다졌을 뿐 아니라 전쟁이 터졌을 때 특수 부대로 참전해 영국을 승리로 이끌었다. 이처럼 해적이 국가 권력과 하나 되었던 16세기를 기점으로 영국은 역사상 유례없는 대영제국을 건설했다. 그래서 18~19세기에는 전 세계의 바다를 주름잡을 수 있었다. 만약 해적이 없었더라면 영국이 세계사에 남을 만한 위업을 달성하는 일도 없었으리라.

현재 글로벌 비즈니스의 세계에서는 도전적이고 개척 정신이 강한 기업, 불법과 합법의 경계에서 아슬아슬 줄타기하며 고수익을 올리는 기업 등을 '해적 정신'을 지닌 기업이라고 부른다. 금융계에서는 남을 해하려는 마음을 품고 개발한 금융 상품을 고압적인 분위기에서 강매하여 고수익을 올리는 행위를 '해적 뱅킹'이라고 한다. 오래전부터 세계 경제를 좌지우지해온 영국 런던에 있는 금융의 중심지 '시티 오브 런던'은 원래 해적 출신의 손길이 뻗쳤던 '해적 비즈니스'의 원조이므로 유럽 대륙의 금융기관은 결국 해적 비즈니스의 본가인 셈이다.

이 책에서는 영국이 부를 얻기 위한 수단으로 해적들을 어떻게 이용했는지를 통해서 범죄 집단인 해적이 영국과 서양 세계에서 어떻게 '영웅'이나 '모험 상인'으로 아름답게 그려졌는지, 그 비밀을 파헤친다.

이쯤에서 해적의 정의를 확인하는 것이 좋겠다. 국제연합 해양법 협약, 정식 명칭은 〈해양법에 관한 국제연합 협약(United Nations Convention on the Law of the Sea, UNCLOS), 1982년 채택, 1994년 발효〉의 제101조에서는 '공해'나 '어느 국가의 관할권 밖의 장소'에서 '민간 선박 혹은 민간 항공기의 승무원이나 승객이 사적 목적으로 행하는 모든 불법 폭력, 억류, 약탈 행위'를 해적 행위라고 정의한다.

16세기에는 국제법이 존재하지 않았고 공해나 영해의 개념도 없었다. 또 해적이라는 용어도 영국의 파이레트(Pirate)나 바다의 개, 북유럽의 바이킹(Viking), 영국 시인 조지 고든 바이런(George Gordon Byron)의 서사시에 나온 지중해의 코르세르(Corsair), 카리브 해를 장악했던 버커니어(Buccaneers) 등 특정 지역과 시대에 따라 명칭이 다르다. 앞에서 말했듯이 영국 해적의 역사를 돌아보면 해적을 정당화하려 사용한 탐험가, 항해가, 모험 상인, 사략선원 등의 말이 자주 등장한다. 이 책은 바다 위에서 약탈 행위를 일삼은 사람을 매우 단순히 해적(Pirate)이라고 정의한다.

사실 16세기에 영국이라는 나라는 존재하지 않았고 원래는 잉글랜드라는 명칭을 사용해야 한다. 그러나 혼란을 방지하기 위해 이 책에서는 현재의 통칭인 영국을 국명으로 썼다. 스페인과 포르투갈 역시 개개의 독립 국가로 설명하고 있으나 포르투갈은 스페인에 병합되어 일시적으로 역사에서 사라졌던 적이 있다. 그리고 당시 영국과 여러 유럽 국가에서는 서로 다른 역법(曆法)을 채택하고 있었다. 개

신교 세력인 영국과 로마 가톨릭 세력인 유럽 국가들 사이에는 약 10
일간의 시차가 있는 등 16세기만의 고유한 사정이 있다. 그러므로 참
고 문헌에 따라 사건 발생 일자가 일치하지 않는 문제가 생긴다. 이
책에서는 영국이 채택했던 역법을 기준으로 두고 역사를 기술했다.
이와 관련된 기본 용어 설명 등은 책의 본문 뒤에 정리해 두었다.

해적과 맺은 특별한 관계로 대영제국 건설의 기반을 다졌던 엘리
자베스1세

프랜시스 드레이크. 세계 일주 항해 성공, 스페인 무적함
대 격퇴, 약탈로 역사에 이름을 남긴 대해적.

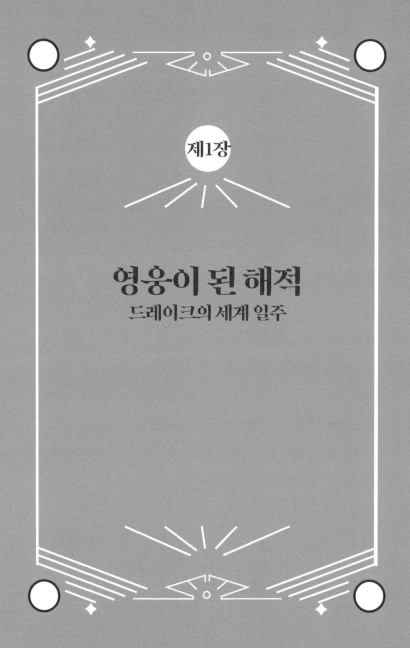

제1장

영웅이 된 해적
드레이크의 세계 일주

가난한 이류 국가에서 탈피

도대체 어떻게 해야 스페인과 포르투갈 같은 부유한 국가로 성장할 수 있을까? 이는 16세기의 영국을 늘 따라다녔던 국가적 과업이었다. 헨리 8세와 엘리자베스 1세가 통치했던 당시 영국은 세계를 제패한 스페인과 포르투갈의 경제력에 밀려 지지리도 가난한 상황에 놓였으며, 네덜란드마저 16세기 말 해양 진출에 나서 17세기에 세계 경제의 패권 주자로 활약하게 되자 영국의 고립감과 초조함은 커져만 갔다. 비교하자면 당시 스페인과 포르투갈이 선진국이라면 영국은 개발도상국인 셈이었다.

외국 자본을 유치할 수 있는 영국의 주요 수출품으로는 양털과 모직물이 전부였다. 뿐만 아니라 영국 연안에서 잡은 생선을 수출해도 큰 이익은 나지 않았다. 수출용 모직물은 주로 유럽 대륙의 현관인 벨기에의 항구 도시 안트베르펜으로 보내졌고 이곳 안트베르펜 상인을 거쳐 발트 해 연안과 유럽 내륙 지방으로 전해졌다. 그중 일부는 산 넘고 골짜기를 건너 페르시아(현재의 이란)에까지 다다른 것이 고작이었다. 과거에 영국의 지배를 받았던 프랑스의 항만 도시 칼레를 거점으로 유럽 대륙과 무역했으나 엘리자베스 시대인 1564년에는 칼레를 뒤로하고 안트베르펜을 유럽에 대한 주요 무역 창구로 활용했다. 안트베르펜은 당시 네덜란드령이었으나 현재는 벨기에 북부에 위치해 스헬더 강 하구와 접한 항구 도시로, 16세기 유럽에서 상업과 금융 중심지로 번영한 도시였다. 현재는 전 세계 다이아몬드가 모이는 유서 깊은 중심지로도 정평이 나 있다.

영국의 무역 상인은 양털과 모직물을 안트베르펜에 대량으로 가져가 그 판매 대금으로 가치가 높은 향신료를 사들였고, 수도 런던에서 그 향신료를 고가로 팔아 차익을 챙겼다. 이렇게 런던과 안트베르펜을 몇 번씩이나 오가면서 성장한 무역 상인을 중심으로 자본가와 금융업자가 템스 강 북부 연안에 모여들면서 현재 세계적인 금융가로 잘 알려진 '시티 오브 런던'의 원형이 탄생했다. 그러나 양털과 모직물이 중심인 이 무역을 계속 이어가도 영국은 결코 가난한 이류 국가에서 벗어날 수 없었다. 그래서 스페인과 포르투갈이 떨치는 강력한 경제력 앞에서는 고양이 앞에 쥐와 같았다.

이러한 상황에서 엎친 데 덮친 격으로 영국은 주변국에게서 정치적 압박까지 받았다. 로마 가톨릭 세력과 개신교 세력의 갈등이 첨예해지면서 로마 가톨릭의 맹주인 스페인이 영국을 무력 침공하는 것 아니냐는 분위기가 조성되었다. 심지어는 프랑스마저도 스코틀랜드 여왕 메리 1세를 이용해 영국을 간접적으로 지배하려는 야망을 수면 위로 드러냈다. 영국을 둘러싼 모든 상황이 개신교 국가 영국을 로마 가톨릭 국가 스페인과 프랑스가 포위하는 형국이었다.

당시 영국 인구는 400~450만 명(런던 인구가 약 10만 명이었다.)인데 반해 포르투갈을 병합한 스페인의 인구는 1000만 명, 프랑스 인구는 1600만 명이었다. 스페인과 프랑스를 상대로 영국이 전쟁에 응했더라면 그 결과는 불 보듯 뻔했을 것이다.

스페인과 프랑스의 야심을 깨뜨리기 위해서라도 영국은 반드시 부유한 국가가 되어 강한 군사력을 갖추어야했다. 국가의 존망을 위해 부국강병의 국가 정책이 중요했던 것은 말할 필요도 없다. 하지만 어떻게 부국과 강병을 실현할 것인가가 관건이었다. 자금을 신속히 조달하고 부국 정책을 추진할 방법을 찾기 위해 머리를 쥐어짠 결과, 해적 행위를 국가적 차원에서 적극적으로 지원하는 방안과 모직물에 의존하지 않는 대외 무역 통로를 개척하자는 방안이 나왔다. 그 중에서도 엘리자베스 1세는 자신의 자금줄이 될 해적에 매우 흥미를 가졌고 영국 전역에서 능력이 뛰어난 해적을 발굴했다. 이들은 여왕의 측근이 편성한 해적단을 이용해 해상에서 스페인과 포르투갈의 해군을 무찔렀다.

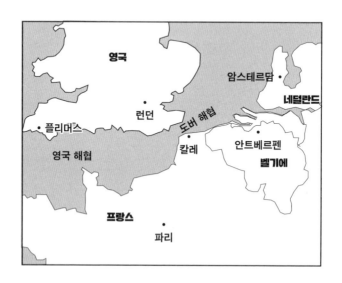

해적이 먼 바다를 항해하는 범선을 습격해 약탈한 고가의 상품은 런던이나 안트베르펜에서 매각해 바로 현금화할 수 있었는데, 이것이 바로 '해적 머니'이다. 엘리자베스 여왕은 해적을 이용 가치가 높은 수금 기계로 인식했다.

'해적 머니'로 국가 예산을 충당

손안의 수금 기계 가운데 엘리자베스 1세가 가장 신뢰했던 해적 중 한 명이 바로 영국인으로서 처음 세계 일주 항해〈Circumnavigation(1577~1580)〉에 성공한 프랜시스 드레이크다. 여왕이 드레이크를 편애한 가장 큰 이유는 여왕과 영국에 거대한 이익을 가져다주어서다. 드레이크는 세계 일주라는 위대한 업적을 달성했을 뿐 아니라 세계 일주 항해를 후원하기 위해 지불했던 출자금을 고스란히 회수해 주었고 어마어마한 이익 배당까지 여왕에게 안겨주었다.

그렇다면 드레이크가 영국에 가져다준 자금은 과연 어느 정도였을까? 드레이크 관련 연구 자료에 따라 금액을 산출해보면 드레이크는 영국에 약 60만 파운드를 가져다주었고 엘리자베스 여왕은 적어도 절반에 달하는 30만 파운드를 손에 넣었을 것이다. 이 금액은 문헌에 따라 조금씩 다르지만, 당시 영국 국가 예산을 약 20만 파운드로 추정하니 드레이크는 국가 예산의 3년분에 달하는 '해적 머니'를 영국에 가지고 돌아온 것이다.

안트베르펜 등지의 해외 금융업자로부터 상당한 빚을 져가며 궁정의 세비를 어렵게 모으던 여왕에게 드레이크가 가져온 '해적 머니'의 존재감은 묵직했다. 해적이 빼앗아 온 물품을 비싸게 되팔아 이익을 봄으로써 빚을 메우는, 마치 마법 같은 연금술이었다.

여왕의 주머니로 굴러들어온 30만 파운드가 어디에 쓰였는지는 기록이 남아 있지 않아 자세히 알 수 없다. 당시의 상황을 돌아보면 돈을 어디에 썼을지 대강 짐작이 간다. 대부분 자금은 안트베르펜의 금융업자에게 빌렸던 빚을 갚는 데 쓰고, 그 나머지의 일부는 궁정 세비와 함께 뒤에 나올 레반트 회사 등 해외 무역 회사를 설립하는 데 충당했을 테다. 여왕에게 해적은 수금 기계였고 이를 통해 더 나아가 여왕은 해외 무역 투자 회사를 통해 확실한 수익 창구를 확보하는 뼈대를 만들었다.

후세 영국이 무역 강대국이 될 수 있었던 경제적 기반은 드레이크로 대표되는 해적들이 쌓아 올렸다. 암약한 해적들이 없었다면 영국의 왕실 비용, 심지어는 국가 재정도 파탄을 면하지 못했으리라.

국가 영웅 드레이크

엘리자베스 여왕의 치세를 뒷받침한 위대한 공로자 드레이크를 기념하려고 그의 출신지인 항구 도시 플리머스는 영국 해협과 가까운 작고 높직한 언덕에 있는 '호 공원'에 지구의를 오른쪽 겨드랑이에 끼고 선 드레이크의 위풍당당한 동상을 세워두었다. 플리머스는 겨울이 되면 거센 바닷바람과 강풍을 몰고 오는 비, 진눈깨비 때문에 몸이 얼어붙는 듯한 추위와 싸우느라 숨 쉬는 것조차 쉽지 않은 곳이다. 이곳을 방문해보면 세계 일주는 이러한 강풍을 이겨내야만 얻을 수 있는 영광이라는 사실을 체감할 수 있다.

드레이크는 16세기를 대표하는 탐험가이자 엘리자베스 여왕에게 막대한 부를 갖다 바친 공로자이며 스페인 무적함대와의 해전에서 영국을 승리로 이끈 군인으로서 영국사(史)에 이름을 남겼다. 즉 엘리자베스 여왕은 국민의 마음을 하나로 모으고 민족주의를 북돋우기 위해 해적 드레이크를 이용했다.

드레이크가 지휘한 사령선 '펠리칸호'는 항해 중에 이름을 '골든 하인드호'로 바꾸었다. 엘리자베스 여왕이 국가 영웅 드레이크에게 기사 작위를 내린 곳이 여왕의 궁정도 아니고 다름 아닌 '골든 하인드호'의 갑판 위여서 그렇다고 전해진다. 이 범선을 실물 크기로 복원한 복제품이 런던 시내를 흐르는 템스 강과 접한 부두에 전시되고 있다. 런던의 타워 브리지와 서더크 대성당 근방으로 가면 건물과 건물 사이의 좁은 공간에 마치 낀 것처럼 놓여 있는데 주의를 기울이지 않으면 못 보고 그냥 지나칠 정도다. '이렇게나 작은 범선으로 세계 일주에 잘도 성공했군.' 하는 감탄이 절로 새어 나온다.

드레이크는 1543년 즈음, 영국 남서부 데번의 타비스톡이라는 작은 마을에서 태어났다. 영국 해적의 본거지인 플리머스로 통하는 길에는 강폭이 좁은 타비 강이 흐르는데 작은 배를 타고 왕래할 수 있다. 강 부근 일대에 전원 풍경이 펼쳐진 평화로운 마을이었지만 드레이크가 어릴 적에 로마 가톨릭 신도와 개신교 신도의 종파 갈등이 심해지며 드레이크는 개신교 신도인 아버지와 함께 태어난 고향을 떠나 친척이 사는 플리머스로 이사 가야 했다. 이때 드레이크 집안의 친척은 거물 해적으로 유명한 존 호킨스 가문을 가리킨다. 호킨스 가문은 엘리자베스 여왕의 금고 파수꾼이라고 불릴 정도로 '여왕 폐하의 해적' 역할을 톡톡히 했다. 여왕의 아버지인 헨리 8세 시대부터 왕실 어용 해적으로서 플리머스에 은연히 영향력을 행사하고 있었다. 드레이크는 유소년기에 이 명문 해적 가문에 맡겨졌고 가문 사람과 함께 지내는 동안 항해술을 배워 원양 항해도 견딜 수 있을 정도인 1급 해적이 되는 기초를 닦았다.

드레이크의 진가는 단순한 탐험이 아닌 해적으로서 발휘한 능력과 쌓아 올린 실적에 있다. 탐험이라면 아름다워 보이지만 드레이크는 어디까지나 해적질을 위해 남아메리카 대륙의 연안을 목표로 삼고 항해에 나섰다. 헌납품은 대부분 훔치거나 스페인 선박에서 빼앗은 '금·은'이었다. 또 스페인 무적함대와 벌인 해전(1588년) 때 드레이크가 동원한 영국 해군의 범선은 모두 자신이 사기는커녕 대서양에서 빼앗은 스페인과 포르투갈의 선박이 다수 있었다. 게다가 적이 예상하지 못한 '화선(火船)공격' 전술로 해적의 특기인 게릴라전법을 구사해 전쟁에서 승리를 거두었다고 한다. 애초에 세계 일주는 용의주도하게 계획한 것이 아니라 어쩌다 보니 결과적으로 성공했다고 보는 편이 진실에 가깝다.

　스페인 선단을 지휘한 포르투갈 출신 마젤란에 이어 두 번째로 세계 일주에 성공한 위인으로도 드레이크는 역사책에 등장한다. 남아메리카 남단의 마젤란 해협을 발견한 후 계절풍을 타고 태평양을 횡단한 마젤란은 필리핀 세부 섬 주변에서 벌어진 전투에서 불운하게도 목숨을 잃어 고향으로 살아 돌아오지는 못했다. 마젤란이 죽은 후 탐험대를 이끌고 세계 일주(1519~1522년)에 성공한 사람은 마젤란의 부하였던 후안 세바스티안 엘카노이므로 엄밀히 따지면 마젤란이 세계 일주 항해를 완수했다고는 할 수 없다. 그렇다면 지휘관으로서 세계 일주 항해의 모든 과정을 마지막까지 함께 겪고 무사 생환한 드레이크야말로 세계 일주 항해의 최초 성공자인 셈이다. 대항해 시대라고 다들 떠들고 다녔으나 실제로 세계 일주를 완수하는 일이 말처럼 쉽지만은 않은 때였다.

　세계 일주 항해를 성공적으로 마치고 엘리자베스 여왕에게 거액의 배당금을 바친 드레이크는 1581년 4월 4일에 기사 작위를 받아 프랜시스 드레이크 경으로 불린다. 해적 출신이 기사로 다시 태어나는 최초의 순간이었다. 기사 작위를 받아 드레이크는 사회적으로 특권 계급에 속하는 듯했으나 그가 받은 작위는 세습되지 않는 서훈이었다. 영국 귀족의 최고 작위는 공작(Duke)이고 다음으로 후작(Marquis), 백작(Earl), 자작(Viscount)으로 이어지며 최하 작위는 남작(Baron)이다. 이들 귀족은 세습 귀족(Peer)이다. 그리고 세습 귀족에 들어가지 못하는 부류가 바로 준남작(Baronet)과 기사(Knight)이다. 스페인 무적함대를 격파한 후에도 여왕이 드레이크에게 세습 귀족작위를 내리는 일은 없었다. 공적을 세운 해적에게 기사 작위는 줄수 있어도 세습 귀족의 울타리 안으로는 감히 넣어줄 수 없다는 여왕의 정치적 판단이 작용했을 테다.

엘리자베스 여왕이 깊이 관여한 탓에 드레이크의 세계 일주는 베일에 싸여 전체상이 선명히 밝혀지지 않았다. 자료가 많이 없는 데다

런던 템스 강 선착장에 전시된 골든 하인드 호(복원). 건물과 건물 사이에 있어 눈치 채지 못하고 지나칠 정도로 작다.

남아 있다 해도 단편적인 자료들이지만 최대한 연결 지어 세계 일주의 양상을 가능한 한 재현해 보았다. 이는 16세기 영국의 국가 전략을 파헤치는 데 도움이 된다.

범선 수리와 환자 휴양

카리브 해나 대서양의 바다 위에 용감하게도 한 척뿐인 해적선이 스페인 보물선을 노리고 떠다니는 영상과 이미지를 우리는 쉽게 떠올린다. 그러나 이는 어디까지나 가상 세계의 일이고 실상은 조금 다르다. 16~17세기의 목조 범선은 바다에 매우 취약하여 거센 바람과 큰 파도에 치이고 부서져 선체가 너덜너덜했고 침수도 일상다반사였다. 원양 항해를 배 한 척으로 나서는 일은 너무나 위험해 도중에 실종된 해적선은 셀 수 없을 정도로 많다.

드레이크의 선단은 100~140톤에 달하는 주력 범선 3척과 식료품 등을 실은 40톤 급의 보조선 2척, 총 5척으로 구성하여 항해 속도가 그다지 빠르지 않았다. 계절풍을 타고 항해했기에 최단 거리로 이동할 수 없었다. 정확한 항해 지도도 없어서 배가 암초에 걸리는 등 잦은 파손으로 항해를 중단하고 수리하는 데에만 몇 주가 걸리기도 했다.

더구나 배 바닥에 달라붙은 수많은 조개 때문에 배의 속도는 더 느려졌다. 조개를 떼어내려고 정기적으로 항해를 중단해야 했다. 이

외에도 정기적으로 세계 각지를 들러 부족한 식료품과 식수를 보충해야 했다. 식수는 금방 썩어서 물을 대신할 음료수로 와인이 귀해졌다. 해적들은 향신료와 더불어 대량의 와인을 노리고 포르투갈 선박을 습격하기도 했다. 해적 영화에는 해적이 곤드레만드레 술에 취한 장면이 꼭 빠지지 않고 등장한다. 항해 중에는 물 대신 늘 와인을 끼고 살아서 대부분 해적은 알코올 의존증일 수밖에 없었다.

긴 시간, 비좁은 선실에 갇혀 생활하는 탓에 많은 선원이 열병, 괴혈병, 콜레라 등에 걸려 목숨을 잃었다. 영화처럼 치열한 전투 끝에 사망한 해적보다 병으로 사망한 해적의 수가 훨씬 많았고 선원의 절반 이상이 병사하는 일도 드물지 않았다. 이러한 이유로 선장에게 선원의 건강관리는 매우 중요한 문제였다. 선원의 휴양과 건강관리를 위해 항해를 멈추고 쉬어가는 일도 자주 있었다. 이처럼 위험성이 높은 세계 일주에도 드레이크의 해적선단은 선원 164명 중 100명이 살아서 돌아올 정도로 높은 생환율을 보였다.

인도양의 계절풍

[4월-8월]

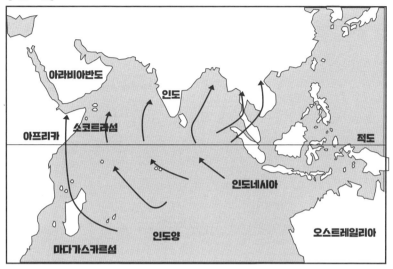

[12월-3월]

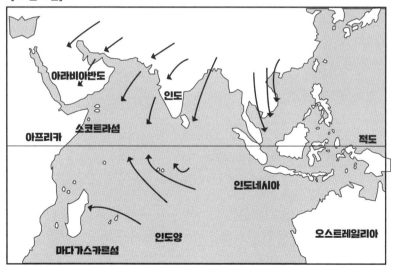

- K. N. Chaudhuri(1985)를 참고하여 작성.

해적은 무엇을 먹고살았을까?

배에 가득 실린 짐 목록을 살펴보면 장기 원양 항해가 주도면밀하게 계획되었다는 사실을 알 수 있다. 목록에 올라온 짐 일부를 나열해 보았다.

식료품에는 비스킷, 밀, 와인, 소고기, 돼지고기, 생선, 버터, 치즈, 오트밀, 식초, 벌꿀 등이 있었다. 이 외에도 목재, 석탄, 양초, 왁스, 손전등, 가죽옷, 신발, 모자, 각종 식기 등 매우 다양하다. 고기나 생선은 모두 소금에 절인 것으로 귀한 보존 식품이었다.

그리고 항해 중에 신선한 물이 필요하면 바다 위에서 발견한 작은 섬에 상륙해 식수를 확보했다. 이러할 때를 대비해 해적선단은 늘 상륙용 소형 선박을 끌고 다녔다.

당시 목조 범선의 선체는 튼튼하지 못해 걸핏하면 뜯어고쳐야 했고 한번 좌초하면 아예 손을 댈 수도 없는 지경이라 버리고 떠날 수밖에 없었다. 해적선단은 파손된 범선은 버리고 선단의 다른 배로 옮겨 타는 식으로 대책을 세웠다.

금은보화의 수송 루트를 노리다

드레이크는 세계 각지에서 온갖 귀한 물건을 모조리 쓸어 담았지만 그중에서도 주요 약탈품은 '금·은'으로 된 동전이나 금괴였고 대량의 설탕이나 와인 등도 포함되었다. 대부분이 스페인 선박에서 빼앗은 것이었지만 포르투갈 선박으로부터 뺏은 것도 일부 있다. 예를 들어 식수대용 와인 150통은 포르투갈 선박에서 빼왔다. 다만 배에 싣고 온 모든 짐이 약탈품은 아니었다. 고급 향신료인 정향 6톤은(3 톤이라는 설도 있다) 인도네시아의 말루쿠 제도(諸島)에서 구매했다는 기록이 있다.

해적선단의 최대 표적은 남아메리카 대륙의 험난한 산악지대에 있는 포토시 광산(현재의 볼리비아)에서 나는 '은'이었다. 당시 은은 세계 주요 통화로 은을 지배하는 자가 세계를 지배한다는 말이 나올 정도였다. 포르투갈이 동인도에서 고급 향신료를 구매할 때 사용했던 통화 역시 은이었다. 이를 배경으로 1545년에 착수한 포토시 은광 개발은 스페인 국왕에게 부의 원천이었고 채굴 장소로부터 스페인까지 은을 옮기는 수송 루트는 극비였으며, 수송 작업은 엄중한 관리 하에 이루어졌다. 그런데 이 수송 루트를 끊어버리려고 했던 자가 있었으니 바로 드레이크다.

스페인이 구축한 루트에 따르면 은은 포토시 은광에서 태평양 연안에 있는 항구 도시 아리카로, 아리카에서 또 다른 항구 도시 카야오(현재 페루 수도인 리마의 외항)의 근해를 지나 파나마 항만으로 옮겨졌다. 그곳에서 은은 수백 마리의 라마의 등에 실려 파나마 지협을 통해 태평양 연안에서 카리브 해 쪽으로 이동했다. 다시 선박으로 스페인령이었던 쿠바 섬의 항구 도시 하바나로 옮겨졌다. 그때 라마 한 마리당 100~150킬로그램의 은을 실었다고 한다. 그렇게 남아메리카와 카리브 해에서 채굴한 '금·은'을 우선 하바나의 창고에 쌓아둔 다음, 대형 수송선단을 꾸려 스페인 국왕이 파견한 해군의 호위 아래 본국으로 수송했다. 은의 당시 가치를 엿볼 수 있는 대목이다.

스페인이 금은보화를 쿠바 섬으로 들여가면 영국은 어찌해 볼 도리가 없었다. 쿠바 섬의 요새는 난공불락이라 가까이 다가가는 것조차 불가능했다. 게다가 금·은 수송에 스페인 해군의 호송 선단(船團)이 파견되었고 호송선단은 스페인 본국과 쿠바 섬 사이를 정기적으로 오가며 경계를 늦추지 않았다.

제아무리 영국의 해적선단이라 한들 스페인의 호송선단을 습격할 만큼의 역량은 갖추지 못했다. 이러한 상황 때문에 영국의 표적은 호송선단의 힘이 미치지 않는 영역에서 항해하는 스페인 선박으로 좁혀졌다. 드레이크의 해적선단은 이들 스페인 선박을 경비가 느슨한 수송 루트에서 잠복해 기다리다가 기습 공격하는 방법을 택했다.

드레이크는 세계 일주 항해에 나서기 전 수년간 소형 범선을 보내 카리브 해의 스페인 식민지에 대한 정보를 면밀하게 수집했다. 당시 세계 통화인 은을 대량으로 약탈하기 위한 목적으로 드레이크는 은 생산지인 남미에서 스페인까지의 수송 루트인 카리브 해를 오래전부터 주목했다. 카리브 해를 훤히 꿰고 있어야 은을 가득 실은 스페인 선박의 항해 루트 역시 파악할 수 있고, 높은 확률로 스페인 선박 습격에 성공할 수 있으리라 판단했기 때문이다.

드레이크는 스페인의 은 수송 루트의 거점인 파나마를 향해, 남아메리카 대륙의 태평양 연안으로 유유히 북상해 포토시 은광 주변의 연안을 정찰하면서 스페인의 은 수송선을 닥치는 대로 습격했다. 이를 뒷받침하듯 카리브 해 여기저기에 흩어져 있는 스페인 식민지에서 본국 스페인으로 보낸 피해 사례 보고서에는 드레이크가 지휘하는 해적선의 습격이 허다하게 기록되어 있다.

1579년 3월, 드레이크는 적도 부근에서 스페인의 대형 수송선 '카카푸에고호'를 발견하고 은괴를 약탈하는 데 성공한다. 은괴를 가득 실은 스페인 보물선은 우연히 발견된 것이 아니다. 남아메리카 대륙 태평양 연안의 여러 스페인 식민지를 습격하는 동안 은괴 26톤과 금 80파운드를 실은 '카카푸에고호'가 파나마항을 향해 출항했다는 솔

깃한 정보를 듣고 배를 추적하여 발포한 끝에 나포에 성공했다. 습격
시각은 밤 9시쯤으로 추정되며 습격이 특기인 드레이크가 우세한 것
은 두말하면 잔소리다.

대형 범선(갤리언선)을 습격한 해적(하워드 파일 작)

뜻밖의 세계 일주

드레이크는 1577년 12월 영국 남서부의 플리머스 항구에서 출항해 2년 10개월간 세계 일주를 끝내고 1580년 9월 다시 영국으로 돌아왔다. 문헌에 따라서는 11월에 출발했다는 기록도 있으나 모두 맞는 말이다. 일단 출항했었지만 영국 해협에서 바람이 너무 강하게 부는 바람에 하는 수 없이 다시 돌아와 한 달 동안 플리머스 항구에 발이 묶여 있었다. 다사다난한 항해를 예고하는 듯한 출발이었지만 범선의 시대는 앞서 말했듯이 모든 것이 바람에 달려있어 수개월 동안 출항하지 못한 채 꼼짝 못 하는 일도 드물지 않았다.

드레이크의 원양 항해 루트는 플리머스에서 출항~베르데 곶 및 카보베르데 제도(서아프리카 근해)~마젤란 해협(남아메리카 대륙 남단) 통과~칠레와 페루(태평양 연안)를 거쳐 북상~파나마 주변~샌프란시스코 주변(북아메리카 대륙)~태평양 횡단~필리핀·인도네시아 부근(동남아시아) 항해~인도양 횡단~희망봉(아프리카 대륙 남단) 통과~아프리카 대륙 서해안인 대서양 북상~플리머스로 귀항이라는 서쪽으로 도는 세계 일주였다.

플리머스에서 출발한 드레이크 해적선단은 지중해를 들르지 않고 오로지 대서양에서 남하한 다음 남아메리카 대륙의 동해안을 기어가듯 내려가 남단에 있는 마젤란 해협에 도착했다. 고생 끝에 마젤란 해협을 통과한 후에는 남아메리카 대륙의 태평양 연안에서 북상해 중남미 파나마를 거쳐 북아메리카 대륙의 샌프란시스코 주변에 도달했다. 그때까지 드레이크는 카리브 해를 항해한 적은 있었으나 대서양에서 남하해 마젤란 해협까지 도착하거나 태평양의 남아메리카 대륙 근해에서 북상하는 등의 모든 일은 아무런 사전 지식 없이 처음 한 경험이었다.

그렇다면 드레이크는 어떻게 미지의 항해에 성공할 수 있었을까? 사실 드레이크의 선단에는 포르투갈 출신 항해사가 타고 있었다. 그 항해사이자 선장이 가지고 있던 포르투갈어, 프랑스어, 영어로 된 세 종류의 지도 덕분에 마젤란 해협을 통과한 후 북아메리카 대륙까지 무사히 항해할 수 있었다. 미지의 항해를 성공으로 이끈 또 다른 비결은 대서양의 카보베르데 제도에 있다.

플리머스 항구에서 출발한 드레이크가 가장 먼저 향한 곳은 포르투갈령인 카보베르데 제도(서아프리카 연안, 현재 세네갈의 수도인 다카르 해안)였다. 대서양에서 남하해 오는 범선 사이에서는 중계지로 유명했고 동인도 무역에 손을 대는 포르투갈 선박의 경유지이기도 해 정보 교환이 활발히 이루어지는 곳이었다. 특히 남아메리카 대륙을 향해 항해하는 선박의 중계 지점·보급 기지로서 중요한 역할을 했다. 이곳에서 드레이크는 포르투갈 선박을 습격해 식료품과 와인을 약탈하고 동시에 포르투갈인 선장과 선원을 포로로 잡아 자신의 선단에 합류시켰다. 그렇게 그들은 드레이크의 항해사로 일하며 세계

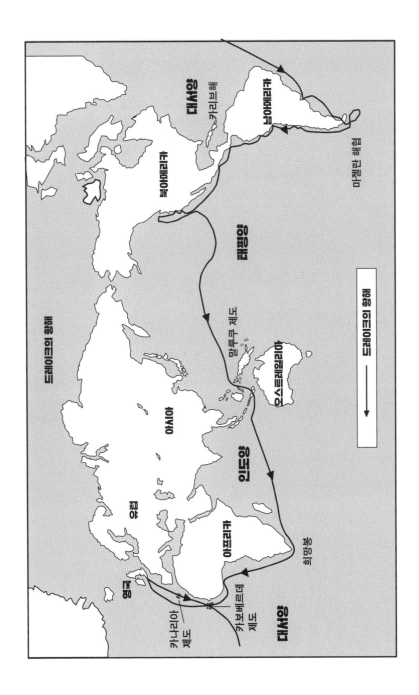

일주 성공에 크게 공헌했다.

　현존하는 항해 계획의 초안을 살펴보면 원래 세계 일주를 할 예정
은 전혀 없었고 포토시 은광에서 채굴한 대량의 은을 태평양 쪽 파
나마 부근에서 약탈하여 왔던 길을 재빨리 되돌아가 귀국할 것이라
고만 적혀있다. 그러나 드레이크 선단은 마젤란 해협을 경유해 왔던
길을 그대로 돌아가는 방법을 따르지 않고 계속해서 위로만 올라갔
다. 이는 마젤란 해협을 통과하는 길이 너무나 험난해 다시는 겪고
싶지 않은 마음이 강했기 때문이리라. 또한 당시는 영국에서 출발해
북극을 지나 동인도까지 이어지는 '북서 항로(Northwest Passage)'가
존재한다는 이야기가 나돌고 있던 때라 드레이크도 틀림없이 미지
의 북서 항로를 탐험할 절호의 기회라고 여겼을 테다. 동인도라는 지
리적 개념은 인도양에서 태평양까지 이르는 광대한 해역을 뜻하나
북서 항로의 도착점은 동남아시아 해역을 상정했다. 그러나 몹시 궂
은 날씨가 예상되어 이대로 항해에 나서면 손해가 더 크다고 판단해
북서 항로는 포기한 것으로 보인다.
　또한 드레이크가 북서 항로를 포기한 데에는 포르투갈 출신 항해
사가 가져온 태평양 항로에 대한 유력 정보가 결정적이었다. 항해사
의 조언이 빛을 발해 드레이크는 계절풍(편동풍)을 타고 손쉽게 태평
양을 횡단했고 필리핀 남부의 민다나오 섬, 인도네시아의 말루쿠 제
도 부근, 자바 섬 남부를 지나 인도양을 무사히 빠져나올 수 있었다.

그러면서 은을 거래 통화로 사용하여 말루쿠 제도 부근에서 대량의 향신료를 구매했다는 사실도 밝혀졌다. 그것은 항해 도중 드레이크가 한 유일한 무역이었다.

드레이크 해적선단은 인도네시아를 떠나면서 등을 밀어주는 강한 계절풍 덕분에 인도양을 무탈하게 횡단하고 아프리카 남단의 희망봉을 돌아 대서양에서 무서운 기세로 북상해 드디어 모항 플리머스에 돌아왔다. 이때는 파나마 운하도 수에즈 운하도 개통되지 않았던 시대라 남아메리카와 아프리카 대륙을 통과하기 위해서는 험하고 가파른 최남단 항로를 따르는 것 외에 방법이 없었다.

해적 연합체의 배후

여왕이 독단으로 해적선단을 편성한 것은 아니다. 사실은 여왕이 주도한 국가 프로젝트이지만 표면적으로는 민간이 주도해 만든 연합체에 여왕이 비밀리에 참가하는 모양새였다. 연합체(Syndicate)란 조직 혹은 출자자 집단이라는 뜻이다. 여왕은 어디까지나 해적 연합체의 흑막이었다.

영국이 해적선단을 편성할 때 연합체 방식을 선택한 이유는 거액의 자금을 제공할 수 있는 개인 후원자가 없었기 때문이다. 수 명에서 수십 명에 달하는 후원자가 자금을 모아 해적 연합체를 결성했고, 연합체가 유능한 해적 드레이크 등에게 해적선단을 편성하도록 제안하는 식이었다. 반대로 거물 해적이 먼저 후원자에게 이야기를 꺼내 해적선단에 투자하도록 제안하는 일도 종종 있었다. 출자자는 엘리자베스 여왕이 출자금 대신 왕실 소유의 선박을 제공한 것처럼 반드시 현금을 내지 않아도 괜찮았다. 약탈한 스페인 선박과 포르투갈 선박을 출자금 대신 제공하는 일은 공공연했다. 쓸 만한 선박을 준비하지 못했을 때는 배를 통째로 빌렸고 도저히 범선 조달이 안 되는 경우에만 배를 새로 제작했다. 배를 새로 만드는 일은 비용이 많이 들고 시간이 오래 걸리는 최악의 선택지였다.

드레이크의 세계 일주 프로젝트 역시 해적 연합체의 결성을 전제로 하는 여정이었다. 여왕은 1560년대에 서아프리카와 카리브 해를 잇는 노예무역 연합체에 참가했으며 영국 무역 활동의 주축을 이루는 연합체 방식을 미리 정착시켜 두었다. 대규모 약탈을 위해 여왕은 드레이크에게 여러 개의 해적선단을 편성하도록 지시했으나 범선과 선원을 조달하기까지 막대한 자금이 필요했다. 더구나 해적선단을 편성할 때 해적 연합체를 결성하는 과정도 거쳐야만 했다. 해적선단의 규모는 5~30척이었고 선원의 수도 150~2,000명까지로 각양각색이었다. 드레이크가 지휘하는 해적선단의 목적과 규모에 맞게 해적 연합체에 참가하는 출자자의 수도 달랐다.

여왕이 해적 행위에 직접 관여할 때에는 해적선단의 지휘관에게 말로 명령하거나 여왕의 측근인 프랜시스 월싱엄 경(비서장관 겸 국무장관)을 통해서 뜻을 전하는 등 여왕이 관여했다는 흔적이 남지 않도록 각별히 조심했다. 또 드레이크 해적선단의 선원 164명 가운데 드레이크 혼자만이 원양 항해의 목적과 항로를 알고 있었고 묵비 의무에 철저히 따르는 등 영국 측은 정보 관리에도 세심한 주의를 기울였다. 해적선단의 모든 일은 베일에 싸여 있었으며 드레이크의 원양 항해도 여왕 주변의 극히 일부 관계자만이 알았다.

그러므로 설사 해적 연합체가 실패로 끝난다 해도 여왕은 책임을 지지 않았다. 해적선이 스페인 측에 붙잡혀 영국인 해적이 체포되어도 여왕은 해적과의 관계를 부정하고 모든 것을 어둠 속에 묻었다. 선장과 선원이 포로가 되어도 스페인 측에 포로 석방을 요구하지 않았고 부상자가 있어도 치료비를 내주지 않았다. 심지어 스페인과 포르투갈로부터 강력한 항의를 받아도 여왕은 해적 행위에 대한 관여를 절대 인정하지 않았고 공식적으로는 스페인이나 포르투갈과의 우호 관계를 유지하기 위해 애썼다.

앞서 말했듯이 여왕이 이름을 내건 출자자 명단 일부가 기적적으로 발견된 덕분에 여왕의 관여를 특정할 수 있게 되었다. 해적 연합체로부터 큰 보상이 기대되면 기대될수록 여왕은 더 많은 왕실의 선박을 빌려주거나 출자금을 대주었다. 해적 연합체에 적극적으로 참가해 재산 축적에 열심인 여왕의 모습이 생생하게 떠오른다.

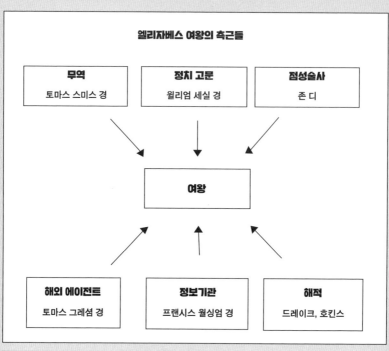

엘리자베스 여왕의 측근들

무역	정치 고문	점성술사
토마스 스미스 경	윌리엄 세실 경	존 디

여왕

해외 에이전트	정보기관	해적
토마스 그레셤 경	프랜시스 월싱엄 경	드레이크, 호킨스

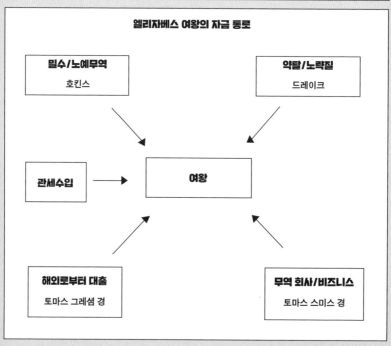

엘리자베스 여왕의 자금 통로

밀수/노예무역	약탈/노략질
호킨스	드레이크

관세수입 → **여왕**

해외로부터 대출	무역 회사/비즈니스
토마스 그레셤 경	토마스 스미스 경

여왕과 해적의 연합

해적 연합 조직의 중심 멤버는 일확천금을 꿈꾸던 여왕과 왕실 측근, 무역업자, 금융업자 등이었다. 후원자 가운데에는 뒤에 나올 '모험 상인'이라 불리는 해적 출신 무역업자도 여럿 포함되어 있었다. 엘리자베스 여왕이 관여한 사실이 적힌 문서는 되도록 남기지 않는다는 원칙에도 연합체에 참가한 출자자 목록이 기적적으로 런던의 대영박물관 자료실에서 1929년에 발견되었다.

세상에 모습을 드러낸 극비 문서는 드레이크의 원양 항해에 관한 '계획 초안'이다. 화재가 발생해 문서 일부가 손상되었지만 복원 작업을 거쳐 계획 초안으로 판명이 났고, 이 문서를 통해 실로 많은 왕실 관계자와 재계 및 정계 인사의 관리 하에 원양 항해가 계획되었다는 사실이 드러났다. 이 '계획 초안'에는 참여한 몇몇 개인의 이름이 적시되어 있어 해적 연합체의 실체를 밝히는 데 아주 중요한 자료이다.

'계획 초안'에는 엘리자베스 1세의 이름이 '여왕 폐하'의 약칭(the Q.Mtie)으로 쓰여 있다. 해적 연합체의 출자자 가운데 출자금액이 명확하게 밝혀진 사람 4명은 드레이크(1천 파운드), 윌리엄 윈터 경(750 파운드), 조지 윈터(500파운드), 존 호킨스(500파운드)이다. 이들 외에 링컨 백작, 레스터 백작, 프랜시스 월싱엄 경, 크리스토퍼 해튼 경 등, 왕실 측근이 출자자로 이름이 올라와 있지만 출자금액이 적힌 부분은 불타버렸다. 1천 파운드를 출자한 드레이크의 자금이 정말 본인이 가지고 있던 돈인지 아니면 출신지인 플리머스에서 모금한 돈의 총액인지는 분명하지 않으나 어쨌든 드레이크가 당시 거액의 출자금을 조달할 수 있을 만한 출중한 능력의 소유자였다는 것만큼은 확실하다.

케임브리지 대학을 졸업한 수재이며 여왕의 비서인 윌리엄 세실 경(버글리 남작)의 이름은 문서에 나오지 않으나 그에 대해서는 의견이 분분한데, 스페인과의 전쟁에 섣불리 나서고 싶지 않았던 세실 경은 드레이크 해적선단에 적극적으로 관여하지 않았다는 설이 가장 유력하다. 드레이크 해적선단은 여왕을 필두로 한 여왕 측근 그룹 멤버가 삼삼오오 모은 돈으로 만들어졌으니 그야말로 국가를 총동원한 큰 프로젝트였다.

스페인의 스파이 활동

영국이 해적을 조종해 벌인 약탈 행위의 최대 피해자는 스페인이었다. 대서양과 카리브 해에서 영국 해적으로부터 입은 피해가 심각해지자 스페인은 해적 중에서도 드레이크를 주요 인물로 지목하고 일찍이 그를 경계했다. 스페인은 드레이크의 본거지이자 영국 해적의 최대 거점인 영국 남서부의 플리머스 항구에 실력이 뛰어난 스파이를 보내 항구를 드나드는 범선의 움직임을 상시 감시하도록 했다.

이로써 플리머스 항구는 영국 해적을 정찰하고 관련 정보를 수집하는 최전선이 되었다.

대형선단이 플리머스 항구에서 출항하면 곧이어 해상에서 해적선단으로 돌변할 것이고 수개월 후에는 대서양이나 카리브 해에서 스페인 선박을 먹잇감으로 삼을 것이라고 확신했기 때문에, 스페인 왕실은 영국에서의 정보 수집 활동에 여념이 없었다. 특히 드레이크가 움직일 때는 해적 행위가 조직적으로 이루어져 스페인 선박들이 맥을 못 추고 막심한 피해를 입은 사례가 수두룩하여 드레이크의 동태는 무엇보다도 중요한 정보였다.

스페인 정부가 우수한 스파이에게 정보를 수집하라는 임무를 주고 각지에 파견했다는 사실은 16세기 공문서에 명백히 드러나 있다. 역사가가 스페인 공문서 일부를 영어로 번역한 덕분에 스페인의 1차 자료를 간접적으로나마 연구할 수 있었다.

스페인 왕실은 당시 영국의 정치·군사·경제 동향에 지대한 관심을 두고 있었고 여왕의 동향에 관한 기밀 정보 수집과 정세 분석에도 온 힘을 기울였다. 예를 들어 런던 주재 스페인 대사인 멘도사는 여왕 주변의 인맥들과 우호적 관계를 맺었고 유능한 정보원을 영국 각지로 보내 얻은 최신 정보와 분석 보고서를 스페인 국왕 펠리페 2세에게 보냈다고 한다.

멘도사 대사가 스페인 국왕에게 보낸 서간(1585년 2월 22일 자)을 보면 여왕이 드레이크가 선단을 꾸릴 수 있도록 2만 파운드를 출자했고 여왕에는 못 미치지만 다른 사람도 출자했다는 내용이 있다. 그리고 선원은 2천 명이며 목적은 스페인 보물선을 습격하고 약탈하는 것이라는 스파이 활동의 결과물로 보고되었다. 또 드레이크의 해적 선단을 편성하는 데 빠질 수 없는 주력 범선이 수리 중이라는 상황을 알리는 현지 보고서도 있었다. 멘도사 대사는 극비로 다루어진 여왕의 출자금 정보도 언급하고 있어 여왕과 아주 가까운 인물을 유력 정보원으로 포섭하는 데 성공했을 것이다. 이러한 멘도사의 정세 분석이 옳았다는 것은 드레이크가 카리브 해로 출격한 반년 후에 사실로 입증된다.

스페인에 대한 정보 조작

영국 측은 스페인의 스파이가 영국에 상주해 있다는 사실을 알아차린 후에 대책을 마련했다. 스파이의 최대 임무는 드레이크의 목적지를 알아내는 것이었다. 대량의 은을 생산하는 남미, 은을 스페인으로 수송하는 길의 중계 지점인 카리브 해, 스페인 선박이 물품을 보충하기 위해 잠시 머무는 대서양의 여러 섬, 그리고 중동이나 아시아와의 해외 무역이 활발하게 이루어지는 지중해 등 여러 후보지 가운데 드레이크의 목적지가 어디인지 밝혀낸다면 그 해역의 방위 태세를 한층 강화하여 스페인 선박의 피해를 최소한으로 줄일 수 있기 때문이다.

영국 측은 스페인의 스파이에게 유출되지 않도록 드레이크의 목적지에 대한 정보를 통제했고 해적선단의 선원에게도 출항 직전까지 목적지를 공개하지 않았다. 그러면서 드레이크가 지중해 무역을 위해 알렉산드리아(현재의 이집트)로 향한다는 거짓 정보를 교묘히 흘려 스페인 측을 교란하는 정보전을 펼쳤다. 이때 거짓 정보는 널리 퍼뜨리지 않고 극히 일부의 정보원에게만 흘림으로써 정보의 신빙성을 높이는 작전을 세웠다. 스페인 측은 거짓 정보에 감쪽같이 속아 드레이크가 남미의 포토시 은광에서 캐낸 대량의 은을, 심지어 후보에도 없던 태평양 연안에서 약탈한다는 진짜 계획을 마지막까지 눈치 채지 못했다.

모험과 탐험에 나선 해적

엘리자베스 여왕이 살아 있었던 16세기는 미지의 원양 항해에 도전하는, 수없이 많은 영국 출신 모험가와 탐험가가 배출되던 때였다.

엘리자베스 여왕의 통치기에 활약했던 해적은 드레이크 외에도 여러 명이 있었다. 토마스 카벤디쉬라는 해적은 세계 일주에 성공한 드레이크에 자극을 받고 26세의 나이에 3척의 범선을 끌고 모험에 나섰는데, 결국 사상 세 번째로 세계 일주(1586~1588년) 성공 타이틀을 거머쥐고 여왕으로부터 기사 작위를 받았다. 세계 일주에는 미치지 못했지만 동인도를 목표로 한 에드워드 펜톤(1582년 항해), 마젤란 해협에서 대서양까지의 항로를 모색한 존 치들리(1589년 항해)나 리처드 호킨스 경(1594년 항해) 등이 '여왕 폐하의 해적'으로서 명성을 날리며 모험과 탐험을 향한 여정에 나섰다. 따라서 당시 탐험가로 불린 영국인은 거의 틀림없이 해적인 셈이다. 항해를 통해 얻을 수 있는 고가의 약탈품이라는 실리가 없었다면 순수한 모험심이나 탐험정신만으로 목숨을 걸고 원양 항해에 도전하는 일은 없었을 테다. 그렇게 여왕의 비호 아래, 노다지를 꿈꾸며 바다로 떠난 탐험가들은 차례차례 등장했다가 바다에 빠져 물거품으로 사라지기를 반복했다.

스페인인, 포르투갈인, 이탈리아인, 프랑스인, 네덜란드인이 선두를 경쟁하듯 원양 항해에 투자했고 과감히 '대항해시대'를 개척하는 중에 영국인 역시 활로를 찾기 위해 광활한 바다로 나섰다. 같은 활로라 해도 유럽 대륙의 여러 국가가 무역에 주력하는 데 반해 영국은 해적 행위에 집중한 점이 크게 달랐다. 16세기 영국의 경제 성장의 원동력은 해적 행위가 중요 엔진이었고 무역은 기껏해야 보조 엔진에 불과했다. 동인도 회사와 레반트 회사 등 해외 무역 전문 회사를 설립하기 위한 분위기가 움트고 있었지만 무역만으로 부국강병은 실현 불가능하다는 것이 당시의 정론이었다. 영국이 무역 대국으로 세계 경제에 군림하게 되는 것은 18~19세기의 일로, 그전의 200년간은 '해적 머니'에 의존하는 수밖에 없었다.

전쟁 기계로 변질

'여왕 폐하의 해적들'은 여왕의 수금 기계로서 큰 공헌을 해왔지만 1585년경부터 스페인과의 전쟁을 앞두고 전쟁 기계라는 새로운 역할을 맡으며 변모했다.

세계 일주라는 위업을 달성한 드레이크는 국가 영웅으로 칭송받고 1582년에는 플리머스의 시장으로 취임하는 등 사회적 명예마저 손안에 넣었다. 이후 드레이크는 카리브 해 약탈 작전(1585년 9월~1586년 7월), 스페인 카디스 항구 습격 및 스페인 국왕의 왕실 선박 나포(1587년 4~6월), 스페인 무적함대와의 전투(1588년 7~8월), 이베리아반도 원정단의 사령관으로 취임(1589년) 등 각종 임무를 도맡았다. 플리머스 시장 취임 건을 제외한 모든 행동은 엘리자베스 여왕의 명령에 따른 것이다.

그러는 동안 드레이크는 아내 메리 뉴먼을 먼저 하늘로 떠나보냈고(1583년) 그 2년 후에는 지역 유지의 딸인 엘리자베스 시던햄(20세)과 재혼하는 등 공사다망했다. 재혼 상대는 당시 '젠틀맨'으로 불리던 대지주의 영애로 더구나 그 지역을 휘어잡은 서머셋 일가의 후계자였다. 남아 있는 초상화를 통해 알 수 있듯 시던햄은 인상이 참한 아가씨로 드레이크에게 트로피 와이프 그 자체였다. 거물 해적의 우두머리와 상류층 영애의 결혼, 이 또한 드레이크를 국가 영웅으로 추대하기에 걸맞은 일화였다.

스페인의 재화를 빼앗고 대국 스페인과의 전쟁에 앞서 온 국민의 마음을 하나로 모아 만반의 태세를 갖추기 위해 여왕은 드레이크를 비롯한 해적을 대거 동원하여 활용했다. 해적을 국가 영웅으로 떠받들어 민심을 장악해 국가 운영의 두 주축, 즉 자금 조달과 전쟁 승리라는 목표를 달성하기 위해 크게 도약했다. 여왕의 지극히 정치적인 판단 아래 해적은 단순한 수금 기계에서 그치지 않고 전쟁 기계가 되어 새로운 사명을 짊어진 채 바다로 나갔다. 해적은 그렇게 변화했다.

제2장

해양 패권의 행방
영국, 스페인, 네덜란드, 프랑스의 전투

프랜시스 월싱엄. 여왕의 '눈과 귀'로서
영국 스파이 조직의 원형을 만듦.

1. 승리의 중심인물 - 해적

세 가지 전술 - 게릴라전, 스파이전, 해적 작전

엘리자베스 여왕 시대를 대표하는 전쟁 중 가장 인상적인 전쟁은 바로 스페인 '무적함대'와 벌인 해전이다. 무적함대와 싸웠던 1588년 7월 28~29일을 영국은 대국 스페인을 상대로 승리를 거둔 역사적 기념일로 기억한다. 이 전쟁은 스페인이 몰락을 맞은 전환기이자 영국이 18~19세기에 걸쳐 구축한 영국 번영 시대(Pax Britannica)의 출발점이라는 역사적 의의를 가진다.

엘리자베스 여왕과 스페인 국왕 펠리페 2세가 겨룬 장대한 전투라는 인식이 강하지만 영국에 승리를 안겨준 중심세력은 사실 드레이크와 호킨스를 필두로 한 해적이었다. 해적의 비책과 활약이 없었더라면 영국은 스페인 무적함대에 역부족이었을 것이다. 당시 작은 섬나라인 영국과 대국 스페인의 국력 차이는 영국에는 승산이 없었다. 단순히 인구 규모로 따져보면 스페인·포르투갈 연합은 1,000만 명인 데 비해 영국은 400~450만 명에 불과해 차이가 두 배나 났다. 따라서 영국은 스페인과의 전쟁을

스페인 국왕 펠리페 2세

피할 수 없다면 자신들의 국력이 감당할 수 있는 범위 안에서 전쟁을 치러야 했다.

이때 여왕과 그 측근이 고심 끝에 짠 세 가지 전술이 바로 게릴라전, 스파이전, 그리고 해적 작전이다. 세 가지 전술을 절묘하고 조화롭게 구사함으로써 영국은 무적함대를 무찌를 수 있었다. 이 세 가지 전술 모두에는 해적이 동원되었다.

영국 해군과 스페인 무적함대의 전투를 다루는 책 중에는 마치 해전이 단 한 번인 것처럼 서술하는 책이 많다. 사실 양국은 15년 동

안 총 5차례에 걸쳐 교전을 벌였다. 제1차 해전(1588년), 제2차 해전(1596년), 제3차 해전(1597년), 제4차 해전(1599년), 제5차 해전(1601년). 5번의 전투 가운데 스페인은 단 한 번도 이기지 못했지만 이 전쟁 때문에 스페인이 몰락의 길로 접어든 것은 아니다. 오히려 인간의 힘으로 막을 수 없는 돌풍과 맞닥뜨린 것처럼 자연의 맹위에 밀려 자연스럽게 저물었다고 말하는 편이 진실에 가깝다. 영국이 무적함대에 승리를 거둔 전쟁이란 해적이 중심이 되어 작전을 펼쳤던 제1차 해전을 가리키는 말이다.

양국은 1604년에 평화 조약을 맺어 길고 길었던 전쟁에 겨우 종지부를 찍었다. 종전의 결정적 계기는 엘리자베스 여왕의 서거(1603년)로 인한 스코틀랜드 출신 후계자 제임스 1세(겸 스코틀랜드 국왕 제임스 6세)의 국왕 즉위였다.

앞으로 나올 내용은 제1차 해전을 중심으로 해적이라는 지원이 영국이 승리하는 데 얼마나 큰 보탬이 되었는지 그 양상을 여러 시점에서 살펴본다.

화선(火船) 공격

1588년 7월 말, 영국 해군은 도버 해협에 면한 프랑스 항만 도시 칼레의 근해에서 스페인 무적함대와 본격적인 교전에 나섰다. 전쟁 발발 직전에도 프랑스 그하블린느 연안에서는 크고 작은 전투가 벌어졌고 우세한 쪽은 영국이었다. 대국 스페인은 최신식 대형 범선(갤리언선)을 주축으로 약 130척 규모의 정예 함대를 동원했고, 그에 맞서 싸우는 영국 해군은 기력을 많이 소진한 상태였다.

역사서를 보면 영국은 약 200척 규모의 스페인 함대에 대적할 수 있게끔 대비했다고 적혀있으나 실상을 들여다보면 중고이거나 성한 데 없이 여기저기 부서진 범선이라도 가능한 한 많이 끌어 모아서 만든 함대에 불과했다. 위풍당당한 스페인 함대와 비등하게 맞설 수 있는 위력은 없었다. 또 영국은 해적이 스페인과 포르투갈에서 빼앗아 온 범선도 해군으로 편입했다. 아예 쓸모없지는 않지만 대부분이 전쟁에 특화된 전투선은 아닌 탓에 대낮 해전을 비롯해 직접 무기를 드는 정면승부에 나설 경우, 영국의 열세는 불 보듯 뻔했다. 이토록 압도적 해군력을 자랑하는 스페인을 상대로 영국은 어떻게 승리할 수 있었을까?

승리의 열쇠는 바로 '화선'(火船)공격이라는 게릴라전에 있었다. 화공선(火攻船)이라고도 불리는 화선(Fire Ship)은 폭약이나 불에 타는 물질(버터, 기름)을 가득 실은 배에 선원이 불을 붙여 불덩이로 만든 범선을 의미한다. 선원은 배 위에서 방화한 직후 바다로 뛰어들고 아무도 타지 않은 화선은 강한 바람의 힘으로 무적함대까지 파고들어 적진을 불바다로 만든다. 이 전법이 바로 화선 공격이다. 바람을 이용하는 방법이기 때문에 적진이 있는 방향으로 바람이 불지 않으면 화선 공격은 구사할 수 없다. 도버 해협과 영국 해협은 일 년 내내 강한 바람이 휘몰아치는 곳이라 때만 잘 맞추면 승산이 있으리라고 영국은 유연하게 계산했다.

화선 공격은 인적 피해가 적고 적의 함대를 교란하는 효율적인 수법이었으며 무엇보다 비용이 적게 든다는 장점이 있다. 항만에 정박 중인 범선에 작은 보트를 보내 화선 공격을 펼친 전례는 요즘도 있으나 당시 영국은 중형 범선을 사용했고 심지어 밤중에 화선 공격을 펼치는 작전으로 스페인 함대를 큰 혼란에 빠뜨렸다. 기사도나 무사도 정신을 내세우기에는 얕은 수단이지만 당시 영국은 기사도 정신을 희생해서라도 이기는 것이 중요했다.

화선 공격을 고안한 사람에 대해서는 의견이 갈리지만 해적 프랜시스 드레이크와 존 호킨스, 해군 장교 윌리엄 윈터의 이름이 주로 거론된다. 해군 장교라도 실제로는 해적과 다를 바 없었다. 이들은 수년에 걸쳐 드레이크나 호킨스처럼 노략질을 일삼은 해적 집단과 한패가 되어 스페인 선박의 재화와 보물을 빼앗은 업적을 인정받아 여왕으로부터 기사 작위를 받았다.

화선 공격은 해군 장교 윈터가 제안했고 거물 해적 드레이크와 호킨스가 이에 동의하며 자신들 소유의 배를 화선으로 제공했다는 설이 가장 유력하다. 실제로 화선 공격을 실행에 옮긴 사람은 드레이크나 호킨스의 부하인 무명의 해적들이었다.

거대한 초승달 모양으로 진을 치는 무적함대에 대적하여 드레이크와 호킨스는 8척의 화선을 적진에 보내 자폭으로 스페인 함대를 순식간에 무너뜨렸다. 영국은 좁은 도버 해협에 강한 바람이 불고 파도가 거칠어지는 적기를 기다렸다가 화선 공격을 개시했다. 그때 스페인은 궂은 날씨 때문에 출항하지 못하고 칼레 연안에 정박하고 있었는데, 심지어 강한 바람에 행여 초승달 진형이 흐트러질까 각별히 신경 쓰며 130척의 범선을 서로 밧줄로 꽁꽁 묶어 둔 상태였다. 일몰 후 어둠이 짙게 깔린 바다에서 영국은 화선 공격을 강행했고 무적함대를 공포로 몰아넣었다.

미처 대처하지 못한 스페인 진영은 화염에 휩싸였다. 닻을 끌어올릴 여유도 없이 서둘러 닻과 약 130척의 범선을 칭칭 동여매고 있던 튼튼한 밧줄을 끊어내고 사방팔방으로 도망치며 흩어졌다. 때마침 불어오는 강풍에 더 크기를 키운 불꽃은 무적함대를 상징하는 아름다운 초승달 진형을 눈 깜짝할 사이 불태웠다.

공포의 밤이 지나고 다음 날 29일, 스페인 함대는 겨우 한숨을 돌리고 부대를 재정비할 시간을 벌었다. 그러나 영국 해군은 여유를 주지 않고 소형·중형 범선을 보내 스페인 함대를 포위한 다음 끊임없는 공격으로 스페인 함대를 서서히 잠식해 갔다. 무적함대는 대형이 흐트러질 대로 흐트러져 지휘명령 체계가 완전히 먹통이 되었다. 원래는 프랑스 연안 칼레로 피난할 예정이었으나 운이 나쁘게도 역풍이 부는 바람에 뒤에서 기다리고 있던 영국 해군에 발이 묶이고 만다. 결국, 스페인은 강한 바람과 거친 파도에 밀려 스코틀랜드까지 떠내려갔고 아일랜드 연안을 지나쳐 본국으로 돌아가는 수밖에 없었다.

게다가 악천후의 영향으로 난파하거나 좌초하는 범선이 속출했으며 운 좋게 아일랜드 주변에 상륙한 무적함대 선원은 영국 수비대에 체포되어 처형당할 운명을 기다리고 있었다.

마침내 스페인으로 귀환한 범선은 모두 86척으로 44척을 잃은 셈이지만 그중 영국 해군과의 전투에서 잃은 배는 9척에 불과했다. 나머지 범선 대부분은 악천후를 만나 침몰하거나 좌초되거나 행방불명이 되었다. 이 사건 이후 무적함대는 무참하고 비통한 말로를 맞이한다.

해적과 왕실 해군의 연합 함대

게릴라 전술의 지휘관은 해적이었다. 전장에서 직접 공격에 나선 이들 역시 모두 해적이었다. 당시 해적은 여왕의 왕실 해군에 소속되어 형식적으로는 왕실 해군의 일원이었다.

왕실 해군은 규모가 작아 무슨 수를 써도 단독으로는 스페인 무적함대와 싸울 만한 전력이 없었다. 여왕은 무적함대를 공격하기에 앞서 해적과 왕실 해군의 연합 함대를 편성했고 드레이크와 호킨스 등 거물 해적을 동원하여 만반의 태세를 갖추었다. 이렇게 해서 영국 해군은 비약적으로 전력을 증강할 수 있었다. 연합 함대에 지휘 체계까지 해적과 왕실 해군의 통합 체제하에 두면서 해적과 왕실 해군은 한 몸처럼 움직였다.

드레이크와 호킨스가 이끄는 해적선은 스페인 보물선과 무장상선을 수시로 습격한 덕분에 어떤 의미에서는 풍부한 실전 경험을 쌓을 수 있었다. 스페인을 상대로 전쟁을 치를 수 있었던 것은 전부 해적의 협력 덕분이었다.

엘리자베스 여왕이 구상한 연합 함대는 다음의 두 종류다.

(1)해적선단에 왕실 해군을 참가시키는 방식

여왕은 이전에도 드레이크의 해적선단에 자주 영국 육군·해군을 참가하게 했다. 여왕이 배후로 관여한 드레이크의 해적선단은 어디까지나 해적선단에 육군·해군 병사들이 참가하는 형태를 띠었다.

(2)왕실 해군에 해적선단을 참가시키는 방식

무적함대와의 전투를 앞두고 여왕은 왕실 해군에 드레이크의 해적선단을 편입하는 방식을 택했다. 이로써 왕실 해군에 해적 드레이크가 참가하는 연합 함대가 영국에서 처음 탄생했다.

드레이크 등 해적이 카리브 해의 스페인 식민지를 공격한 적은 있지만 그것은 해적 중심의 비정규전일 뿐이었다. 이와 달리 무적함대와의 전투를 앞두고 처음으로 영국은 왕실 해군에 해적부대를 정식으로 투입했다. 해적과 왕실 해군의 주객이 전도되는 순간이다.

연합 함대라 해도 지휘명령 체계가 정돈되지 않으면 연합하는 의미가 없다. 엘리자베스 여왕은 사령관 인사에 한 가지 꾀를 내었다. 여왕은 왕실 해군의 수장인 찰스 하워드를 연합 함대의 총사령관으로 임명하고 해적 드레이크, 호킨스, 마틴 프로비셔를 부사령관 급 지위에 두었다. 여왕의 측근들은 드레이크가 감정이 상해 반발하는 등 두 명의 사령관이 혹여 대립하지 않을까 우려했으나 드레이크가 하워드 총사령관의 체면을 지켜줘 큰 잡음 없이 지휘 체계가 정리되었다는 미담이 전해진다. 하워드 총사령관은 왕실 해군을 담당하며 해적부대에 개입을 최대한 피했고 드레이크도 해적부대에 전념했다고 한다.

국가를 통일하고 국민의 마음을 하나로 모아 민족주의를 고양하는 데 이바지한 사람이 드레이크라는 것이 밝혀지면서 드레이크의 우상화는 이때부터 시작되었다.

한편 실존하는 해적 가운데, 왕실 해군과 해적의 서로 다른 지휘 명령 체계의 합의점을 찾기 위해 가장 애쓴 사람은 협상 능력이 뛰어난 호킨스였다. 호킨스는 해적과 왕실 해군이 협력할 수 있도록 가운데서 능숙하게 조정하면서 엘리자베스 여왕 고유의 연합 함대가 무사히 결성되는데 이바지했다. 더 나아가 해적선 '아크 로열'을 동원해 앞장서서 무적함대 격퇴에 나섰다. 이러한 공적 덕분에 훗날 호킨스는 총사령관으로부터 기사 작위를 받는다. 20세기 영국 해군의 항공모함으로 활약했던 '아크 로열'은 무적함대와의 전투에서 업적을 남긴 이 해적선에서 유래한 이름이다.

2. 무적함대와의 전투 - 스파이전

스파이의 정보 수집

영국이 무적함대를 대파할 수 있었던 두 번째 요인은 스파이를 이용해 공을 들여 펼친 정보 수집이다. 엘리자베스 여왕은 측근과 해적을 총동원하여 스페인 정보를 입수하려 백방으로 노력했다. 그렇게 스페인 관련의 정치·군사 정보를 수년에 걸쳐 폭넓게 모은 덕분에 영국은 무적함대의 출항이나 항로 정보를 파악하고 스페인 부대의 약점을 알아내 무적함대와 맞붙을 수 있었다. 국가 안보의 대전제는 정보 수집이라는 점을 다시금 깨닫게 하는 대목이다.

비서장관 겸 국무장관인 프랜시스 월싱엄은 여왕의 충직한 측근들 가운데서도 가장 헌신적인 태도로 여왕 곁을 지켰고 영국 스파이 조직의 원형을 만든 전설적 인물이다. 월싱엄은 일명 여왕의 '눈과 귀'로, 국내 및 해외 적대 세력의 동향을 두루 꿰고 있었으며 스파이 활동의 중요성을 충분히 인식하고 있었다. 한편 드레이크가 효율적인 약탈을 위해 카리브 해 등지의 스페인 식민지에 두고 있던 에이전트도 정보 수집에 한몫을 톡톡히 했다. 육지의 정보 수집에 강한 월싱엄과 바다의 정보 수집에 강한 드레이크, 호킨스가 협력한 덕분에 영국은 적국 스페인에서 통합적 스파이 활동을 거침없이 추진할 수 있었다.

다음은 육지의 스파이 작전에서 중심인물이었던 월싱엄의 구체적 스파이 행적을 밝혀둔 것이다. 스파이 활동을 구체적으로 검토하기에 앞서, 여기에서는 엘리자베스 여왕과 그 측근들에게 보고한 정보 수집 항목을 나열하겠다.

- 스페인 국왕 펠리페 2세가 궁정 내에서 한 발언
- 스페인 무적함대의 편성 상황과 사령관 인사
- 이베리아반도 연안의 방위 체제
- 스페인과 지중해 국가들과의 군사 협력 관계
- 네덜란드 및 벨기에에 주둔하는 스페인 파견군의 동향
- 스페인이 제노바 등지의 금융업자로부터 조달받은 자금 파악 (전쟁 준비금)
- 스페인과 프랑스가 영국 본토로 보낸 스파이와 이중 스파이 발견
- 엘리자베스 여왕 암살 계획에 관한 정보

· 여왕 암살 계획에 스코틀랜드 여왕 메리 1세의 관여

· 메리 1세의 측근 및 관계자 동향

· 메리 1세를 지원하는 내외 인적 네트워크 적발

· 메리 1세가 송수신한 암호 편지 해독

· 국내 로마 가톨릭 신도 파악과 마을 단위 거주 지도 작성

· 프랑스와 네덜란드에 거주하는 개신교 신도 박해 상황

스파이 조직의 탄생

영국에 스파이 조직이 탄생한 것은 1558년 엘리자베스 여왕 시대가 시작한 이래 15년이 지난 1573년 즈음이다. 원래 스파이 기관은 행정 조직은 아니었으나 어느 한 인물의 활약 덕분에 스파이 네트워크가 내외적으로 널리 구축되어 정보를 조직적으로 수집·분석하기에 이르렀다.

그 인물은 여왕을 지극히 섬기는 측근 프랜시스 월싱엄이다. 그는 1573년 12월에 추밀(樞密) 고문관으로 동시에 비서장관으로 임명되었다. 비서장관의 가장 중요한 임무는 여왕에게 내외 정세에 관한 정보, 특히 국방과 치안에 관한 최신 정보를 요약·보고하는 일이었다. 비서장관으로 임명된 지 딱 4년째가 되는 1577년 12월에는 윈저성에서 여왕으로부터 기사 작위를 받아 월싱엄 경이 되었다. 이 인물의 등장으로 여왕은 국내를 넘어 유럽 대륙의 동향까지 고루 파악했고

이 정보력은 엘리자베스 여왕이 장기 집권을 하는 원동력이 되었다.

월싱엄은 전성기에 영국 국내에서만 100명 이상의 스파이를 거느렸고 해외인 유럽 대륙에는 적어도 71명의 스파이를 파견했다. 월싱엄 연구자인 로버트 허친슨에 따르면 가장 많은 프랑스의 12개소를 비롯해 독일(9개소), 스페인(4개소), 이탈리아(4개소), 네덜란드(3개소) 등 각국의 주요 도시와 항만에 실력이 뛰어난 첩보원을 상주하게 하여 정세를 하나하나 자세히 보고하도록 했다고 한다.

유럽에 배치한 거물 스파이 가운데에는 "가치 낮은 돈은 가치 높은 돈을 몰아낸다."(그레셤의 법칙)라는 발언으로 '여왕의 금고지기'라고 불린 토마스 그레셤도 포함되어 있었다. 그레셤은 월싱엄과 같은 케임브리지 대학 졸업생이다. 케임브리지 대학 출신들은 졸업생 네트워크를 통해 현역을 끌어들이며 국정의 중요한 열쇠를 쥐었다.

그레셤은 아버지 때부터 영국 왕실을 섬겼고 유럽 대륙의 상인이 무역을 꽉 쥐고 있는 모습에 위기감을 느껴 영국인이 주도하는 무역을 흥성하게 만들겠다고 굳게 마음먹었다. 유럽의 최대 현관인 안트베르펜의 거래소를 참고한 그레셤은 그곳에서 무역 상품이 거래되는 양상을 런던에 들여와 왕립거래소(Royal Exchange)를 설립했다. 왕립거래소는 1571년에 여왕이 로열이라는 타이틀을 붙여주면서 정착한 이름이다. 더욱이 그레셤 대학을 세워 무역상인 육성을 적극적으로 지원하는 등 이 같은 그레셤의 활동을 통해 영국에는 비로소 국익이라는 발상이 싹텄다.

영국 왕실은 오스만 제국의 연안 도시에도 스파이를 보내 정보를 수집함으로써 유럽에서 오스만 제국에 이르기까지 주변국 전체를 조감하는 정보망을 정비했다. 이때 스파이는 단순한 정보 수집책을 넘어, 프랑스, 독일, 네덜란드 등에서는 개신교 세력을 금전적으로 지원하는 자금 통로의 역할을 맡기도 했다.

케임브리지 대학과 스파이 조직

같은 스파이라도 분야가 다양하여 정보 수집을 전문으로 하는 집단, 파괴 공작에 관여하는 그룹, 자금 제공을 담당하는 에이전트, 암호 해독 전문가, 왕실 우편을 개봉하는 전문가 등 여러 자질을 갖춘 첩보원들은 상시 고용되었다. 월싱엄은 양질의 정보를 높은 가격에 사는 시스템을 구축해 국내외로 신뢰도가 높은 다수의 정보를 수중에 넣고 있었다.

스페인이 영국에 심어놓은 스파이를 역으로 매수한 이중 스파이를 통해 스페인의 정보를 모으는 일도 드물지 않았다. 또 스페인 국왕의 측근과 그 주변을 매수하여 얻은 스페인 기밀문서를 바탕으로 무적함대의 공격 시기를 탐색했다. 적대 세력의 동향을 정확히 파악하기 위해 상대의 편지를 수송 중에 가로채 흔적을 남기지 않도록 편지봉투를 연 다음 암호로 적힌 편지 내용을 해독하는 등 고도의 지적 작업 능력이 요구되는 스파이 시스템을 월싱엄은 이미 16세기에 확립해 두었다.

월싱엄은 케임브리지 대학 재학생을 스파이로 고용하여 프랑스어, 독일어, 이탈리아어, 스페인어, 라틴어 등 여러 언어에 능통한 지식인을 등용하는 외에도 다양한 분야의 인재를 발굴하는 노력을 게을리 하지 않았다. 월싱엄 자신도 케임브리지 대학 출신이라 학자와 학생을 이어주는 견고한 다리 역할을 다할 수 있었다. 케임브리지 대학을 1550년에 졸업한 직후 월싱엄은 유럽 대륙으로 건너가 프랑스와 이탈리아에서 유학했다. 프랑스어, 이탈리아어, 스페인어, 라틴어를 능숙하게 구사할 수 있었고 유학 시절에 쌓은 두터운 인맥 덕분에 스파이를 성공적으로 조직할 수 있었다.

윌리엄 셰익스피어와 동시대를 살았고 엘리자베스 왕조를 대표하는 시인이자 극작가인 크리스토퍼 말로 역시 케임브리지 대학 재학 당시 스카우트된 1급 스파이였다. 캔터베리의 가난한 제화공의 아들인 말로는 대학 등록금을 마련할 수 없었으나 우수한 성적 덕분에 장학생으로 선정되어 케임브리지 대학에 진학할 수 있었다. 재학 중에는 코퍼스 크리스티 칼리지에서 문학을 배웠으며 1584년에 문학사 학위를 취득하고 바로 대학원에 진학했다. 그때 스파이 조직의 총괄 월싱엄이 그에게 접근했다. 자금 원조를 받지 못하면 대학원 진학을 포기해야 했던 말로는 월싱엄으로부터 지원을 받아 대학원에 입학했고 2년이 지난 1586년에 프랑스 수도 파리와 북동부의 랭스에서 오랫동안 머물렀다. 그때는 영국이 이미 스페인과의 전쟁 준비에 돌입한 시기로, 프랑스의 로마 가톨릭 세력의 동향을 주시하여 최신 정보를 보고하는 것이 말로에게 주어진 임무였을 것이다.

말로가 프랑스로 이주한 이유를 몰랐던 대학 당국은 수업을 장기 결석했다는 이유로 말로의 석사학위 수여를 보류했다. 그러나 1587년 6월, 추밀원이 케임브리지 대학에 직접 '말로는 여왕 폐하의 보필에 더없이 공헌했으며 그의 성실한 공헌은 보상받아 마땅하다'라는 내용의 서간을 보내면서 케임브리지 대학이 말로에게 석사학위를 수여했다는 경위가 밝혀졌다. 일개 대학원생의 학위 수여 문제에 추밀원이 정치 개입하는 일은 전대미문의 사건이다. 그 정도로 말로는 국가의 중요한 사명을 받고 출국했음을 알 수 있다.

말로는 우수한 극작가이자 여왕의 고문 기관인 추밀원의 멤버였으며, 특히 월싱엄 등 여왕 측근의 1급 정보원이었다는 사실을 학위 수여를 둘러싼 일화를 통해 가늠할 수 있다. 말로가 남긴 불후의 명작은 대학원을 수료한 29세부터 세상을 떠나기 전까지인 6년간의 결실로, 이 시기에도 말로는 월싱엄으로 대표되는 여왕 측근으로부터 자금 원조를 받았을 가능성이 크다.

스파이 예산

월싱엄은 비서장관 자리에 오를 때 상사인 윌리엄 세실 경에게서 소규모 스파이 집단을 이어받았다. 그러나 조직이라고 부를 정도도 못 되어 월싱엄은 대대적인 개혁에 나섰다. 비서장관이 된 초반, 스파이 집단에는 명확한 예산 장치가 없었고 임무가 막중한 데에 비해 예산이 뒷받침해주지 못했다. 월싱엄은 여왕과 영국을 둘러싼 국내외 정세가 악화한다고 강력히 호소하며 스파이 예산을 확보하려 분투했고 매년 조금씩이나마 예산을 늘려갔다.

연간 스파이 예산은 국내외 정세의 변화에 따라 크게 변동했고 1582년 7월 지급된 1582~83년도 예산은 750파운드로, 국가 전체 예산의 약 0.4%에 불과했다. 게다가 정부가 한꺼번에 주지 않아 네 번에 걸쳐 나눠 받았다고 한다. 이 이후의 예산 변동을 살펴보면 1583~84년도(800파운드), 1585~86년도(800파운드), 1586~87년도(1천 100파운드), 스페인 무적함대와의 결전을 앞둔 1587~88년도(2천 파운드)에는 예산이 배로 늘었고, 결전 당해인 1588~89년도(3만 파운드)에는 전년 대비 15배나 급증했다. 1582~83년도 전체 예산을 참고하면 국가 전체 예산의 약 15%를 정보 수집에 운용한 것이다. 참전 시 정보 수집이 얼마나 중요한지를 알 수 있는 부분이다. 여기에서 우리는 영국 외교의 지혜와 진수를 발견할 수 있다.

개인의 부담과 연금술

월싱엄의 바로 전임 비서장관은 파리 시내에 집무실을 둔 프랑스 주재 영국 대사였다. 주택을 겸한 대사관의 임대료와 파리 생활비는 비쌌고 영국 정부에서 지급하는 돈으로는 턱없이 부족했다. 영국에 남겨둔 사유지를 매각하는 등의 방법으로 대사관 이용료를 감당했다고 한다.

본국의 상사인 윌리엄 세실 경에게 보낸 사적 편지에 절절하게 묘사된 프랑스에서의 빈궁한 형편을 통해 당시 영국의 주머니 사정을 엿볼 수 있다. 그렇게 그는 대사직에서 물러나 귀국했으나 비서장관이 바뀐다 해도 스파이 조직 예산이 부족하다는 현실은 바뀌지 않았다. 결국 월싱엄은 사재를 털어 조직을 유지하는 수밖에 없었다.

월싱엄은 여왕의 곁에 있기 위해 런던 시내에 저택을 가지고 있었으나 템스 강 상류 쪽에 있는 또 다른 저택(맨션)에서 집무를 보거나 휴식을 취하고는 했다. 영국 각지에 심어둔 스파이와 신속히 연락을 취할 수 있도록 이 두 채의 저택에서는 많은 말을 기르고 있었다. 전성기에는 런던 시내에 늘 23마리의 말을, 별장에는 유사시를 대비해 영국 각지와 동시에 연락할 수 있도록 68마리의 말을 준비시키기도 했다. 교외 저택은 템스 강과 접해 있어 상류 리치먼드에 있는 여왕의 궁전이나 하류에 있는 런던 시내 및 그리니치 궁전에 소형 보트로 오갈 수 있게끔 여왕과의 소통에 만반의 태세를 짜 놓았다. 이때 드는 비용은 국가 예산이 아니라 모두 개인이 부담한 것으로, 여왕에 대한 월싱엄의 충성심이 얼마나 대단했는지를 알 수 있다.

그런데 월싱엄은 어떻게 해서 재산을 모을 수 있었을까? 이에 대한 답을 통해 엘리자베스 여왕 측근들의 일괄된 공통점을 하나 발견할 수 있다. 바로 거물 해적들과 거래다. 거물 해적과 결탁해 만든 해적선단으로 스페인 보물선을 습격하거나 해적과 공동 출자해 만든 '모험 상인'의 연합 조직을 통해 해외 무역으로 부를 축적하는 일은 측근들에게는 연금술이나 다름없었다.

그 외에도 월싱엄은 런던 템스 강을 오가는 무역선을 관리한다는 명목으로 선박 내부 조사와 관세 징수 등을 도맡아 해서 항만 관리자와 세관 책임자로서 많은 수수료를 챙길 수 있었다. 그 자리는 프랑스와 스페인에서 넘어오는 로마 가톨릭 신도 지도자를 항구에서 적발하는 일에도 위력을 발휘함은 물론, 직무상 이권도 얻을 수 있어 월싱엄의 유력한 자금원이었다.

실제로 무역선으로부터 얼마의 뇌물과 수수료를 받았는지는 자료가 남아 있지 않아 정확한 금액을 산정할 수 없다. 다만 런던 시내와 교외에 두 채의 저택을 소유하고 다수의 사람을 고용하며 100마리에 달하는 말을 기르는 데 드는 비용을 충당할 수 있을 만큼의 자금력이 있던 것만은 확실하다. 그렇지 않다면 이처럼 광범위한 스파이 정보망을 조직화하여 정비할 수 없었을 테니.

무적함대에 대한 정보 수집

스페인 국내에서 반영(反英) 감정이 날로 커지는 가운데, 월싱엄은 무적함대가 정말로 영국 본토를 공격할 것인지, 공격한다면 언제일지를 반드시 알아내야 했다. 그래서 영국은 스페인 각지로 스파이를 보내 국왕 펠리페 2세 주변에 정보 통로를 설치해두고 최신 정치 · 군사 동향을 파악하는 데 혈안이 되었다.

스페인 국왕이 영국을 침략할 작전을 꾀하고 있다는 극비 정보를 영국 스파이로부터 보고받은 엘리자베스 여왕은 선제공격으로 스페인 해군의 전투 능력을 떨어뜨릴 작정이었다. 상선 나포 · 파괴를 통해 경제 활동에 구멍을 내어 스페인을 약체화하려는 종합 대책을 도입했다. 대책에는 스페인령 네덜란드에서 스페인으로부터 독립 국가를 건설하기 위해 애쓰는 개신교도의 독립운동에 자금을 원조하거나 파병하는 등의 군사적 지원도 포함되었다.

그렇게 영국은 네덜란드에 주둔한 알렉산드로 파르네세(파르마 공) 네덜란드 총독이 지휘하는 스페인 정예부대가 무적함대에 합류할 적기를 기다리고 있다는 유력한 군사 정보를 입수한다. 드레이크에 버금가는 거물 해적 존 호킨스가 적의 포로나 유럽 대륙에 보낸 스파이로부터 얻은 파르마 공에 대한 정확한 동향 정보 덕분에, 영국 본토 상륙 작전은 어디까지나 파르마 공의 정예부대가 주력하고 무적함대는 보조 역할만 한다는 사실이 드러났다. 이로써 영국은 파르마 공 부대의 합류를 방해하고 무적함대를 화선 공격으로 교란한다면 상황이 자신에게 유리하리라 판단할 수 있었다. 비밀 요원들 덕분에 영국은 스페인 병력 배치를 정확하게 분석하고 스페인과의 전쟁에서 승기를 잡을 수 있었다.

지중해 연안을 눈여겨보다

감도가 좋은 양질의 정보를 신속히 입수하는 것, 이것이 바로 스파이전의 진수다. 월싱엄은 해적을 이용해 생생한 정보를 누구보다 빨리 얻을 수 있었다. 지중해 연안에 있는 여러 국가의 항구 도시에 배치한 스파이 대부분은 해적 호킨스가 지배하는 해적이거나 '모험상인'이라 불리는 무역상을 운영하는 해적 그룹이었다. 월싱엄은 거물 해적들과 평소에 친교가 두터웠고 특히 호킨스와는 절친했다. 월싱엄은 해적계 스파이에게서 스페인 무적함대의 동태를 자세히 보고받았고 스페인이 무적함대를 파견하는 시기를 거의 정확히 예측했다.

앞서 말했듯이 영국이 가장 많은 스파이를 보낸 국가는 프랑스다. 스코틀랜드 여왕 메리 1세(고故 프랑스 국왕 프랑수아 2세의 아내)의 지지자나 스파이를 골라내고 프랑스 국내에서 박해받고 있는 개신교 세력을 지원하기 위한 자금을 보내는 등 활동 범위가 넓었기 때문이다.

한편 무적함대와의 결전을 상정한 것치고 스페인에는 단 4개소의 스파이 지부만을 두었는데, 사실 무적함대는 지중해 연안의 로마 가톨릭 국가도 동원한 혼성 부대여서 꼭 스페인을 고집할 필요가 없는 대신 이탈리아 등지에 정보망을 촘촘히 쳐놓았다. 4개소였던 이탈리아의 지부에는 스페인에 보내는 지원 활동을 파악하고 로마 가톨릭 교회의 최고봉인 로마 교황의 동향을 살피는 임무가 주어졌다. 무적함대를 편성할 즈음 스페인이 이탈리아에 함선 상납을 재촉하고 제노바 금융기관에서 군자금을 대출받을 것이라 예상했던 월싱엄에게 이탈리아는 스페인 못지않게 중요한 나라였다.

무적함대의 약점을 찾아서

스페인 무적함대는 많은 구조적 문제가 있어서 자멸한 면도 없지 않다. 1571년 오스만 제국이 지배하는 레반트 해안의 해적을 상대로 거둔 승리에 심히 도취된 나머지 낙관적으로 전쟁을 벌이고 다닌 경향이 있다. 스페인 함대를 이끄는 사령관 인사의 실패, 다민족으로 구성된 혼성 부대, 지중해 항해에서나 적합한 노를 사용하는 갤리선 다수 동원, 철저하지 못한 영국 본토 상륙 작전, 영국 해협과 도버 해협에서 강풍이 불 때를 대비하지 못한 미비한 항해술, 기상 정보 경시 등의 문제가 겹치면서 스페인은 영국과의 해전에서 패배했다. 물론 스페인의 구조적 약점에 대한 거의 모든 정보를 엘리자베스 여왕과 그 측근이 미리 손에 넣은 점도 큰 영향을 미쳤다.

전쟁은 적국의 약점을 간파한 영국에게 유리하게 전개되었다. 다음은 그 양상을 정리한 것이다.

(1)인사 정보

정보 수집에서 가장 중요한 분야가 바로 인사 정보다. 스페인 국왕 펠리페 2세가 해상 전쟁을 경험한 적이 없는 육군 사령관을 무적함대의 사령관 자리에 앉혔다는 정보는 곧바로 영국 관계자에게 전해졌다. 무적함대의 총사령관으로 위임된 인물은 명문 귀족 출신 메디나 시도니아 공이었다. 육군에서 지방 군관구 사령관으로서 업적을 세웠지만 해군으로서 실전 경험은 거의 없어서 함대를 지휘할만한 재목은 아니었다. 시도니아 공은 뱃멀미가 심하고 차가운 해풍 때문에 감기에 쉽게 걸린다며 스스로 무적함대 사령관 자리를 고사했었다. 원래는 레반트 해전에서 오스만 제국을 깨부수고 스페인에 대승을 안겨준 공로자로 이름난 해군 제독 산타 크루스 공이 사령관이 될 예정이었다. 하지만 무적함대 출격 준비 도중에 급사해버려 대신 시도니아 공이 임명된 까닭이었다. 이러한 기밀 인사 정보 역시 영국의 스파이가 잽싸게 엘리자베스 여왕과 그 측근에게 전달했다.

(2)다민족 혼성 부대

영국 스파이는 스페인 무적함대가 다민족으로 구성된 혼성 부대라는 사실을 일찍이 알고 있었다. 유럽 각지에 있는 정보원들은 특히 지중해 주요 항구 마을의 해군과 무장상선의 움직임을 본국에 자세히 보고했다.

무적함대는 스페인 해군의 정예부대를 주축으로 스페인의 영향권에 있는 지중해 국가들을 동원해 구성된 혼성 부대라 말이 제대로 통하지 않는 다민족 대함대였다. 승선원은 약 3만 명으로 병사 2만 명, 일반 선원 8천 명, 노예 2천 명(갤리선의 노를 젓는 일손)이 동원되었다. 무적함대는 약 130척의 선박(범선, 갤리선)과 포르투갈, 카스티야, 비스케이, 안달루시아, 나폴리 등 민족과 지역이 다른 10개 그룹의 조합으로 구성되었다. 해군 경험이 적은 육군 출신 시도니아 공이 심지어 다국적 대규모 혼성 부대를 능숙하게 이끌 리가 없어서 영국은 무적함대의 지휘명령 체계의 중대한 약점을 대번에 눈치 챘다. 이 약점을 훌륭히 파고들어 가령 게릴라전법인 화선 공격을 성공시켰다고 할 수 있다.

(3)영국 본토 상륙 작전

영국은 스파이를 통해 무적함대가 네덜란드에 주둔하는 파르마 공의 육군 정예부대와 합류하여 편성한 합동 부대의 형태로 영국 본토에 상륙할 것이라는 계획을 진작 알고 있었다. 스파이에 따르면 스페인군이 영국에 상륙하면 스코틀랜드의 로마 가톨릭 세력(고故 메리 1세파)도 일제히 궐기하여 런던에 기거하는 엘리자베스 여왕을 뒤에서 급습한다는 내용의 시나리오를 스페인이 구상하고 있다는 사실도 수면 위로 드러났다. 이러한 국내외 기밀 정보를 손에 넣은 곳은 여왕의 비서장관 월싱엄이 주도하는 비밀 정보기관이었다. 월싱엄은 비밀 정보기관을 늘 가동해 스페인이 꾸미는 영국 상륙 작전을 삼엄히 경계했다.

시나리오는 약 3만 명의 파르마 군대가 중심이 되어 영국 본토에 상륙하는 작전을 기반으로 꾸며졌다. 무적함대에도 약 2만 명의 병사를 배치해 양쪽의 병사를 합치면 약 5만 명의 인원으로 영국 본토 상륙 작전을 결행할 셈이었다. 파르마 공이 무적함대에 기대했던 것은 도버 해협 주변으로 나온 영국 해군 소탕과 파르마 군대가 도버 해협을 지날 때 안전한 해로를 제공하는 일이었다. 애초에 영국 본토 침략 작전은 파르마 공이 제안했다. 그러나 스페인 국왕 펠리페 2세의 출격 명령이 예상보다 훨씬 늦어지는 바람에 파르마 군대는 영국을 공격할 타이밍을 놓쳤고, 아까운 시간만 흘려보내며 결국 무적함대에 합류하지 못했다.

영국은 파르마 공의 각본대로 되지 않도록 무적함대와 파르마군의 합류 방해를 최선책으로 삼고 즉시 두 가지 작전을 실행했다. 첫 번째는 파르마군의 발을 묶어두는 작전이었다. 파르마 군대가 바다로 나가지 못하도록 네덜란드의 반(反)스페인 세력(스페인으로부터 독립 도모 세력, 개신교 세력)을 금전적으로 지원하여 네덜란드 항만을 봉쇄했다. 이 작전이 성과를 내면서 파르마 군대가 무적함대에 합류해야 할 때도 파르마 군대는 뜻밖의 촘촘한 봉쇄망에 막혀 바다로 나가지 못하고 합류는 무산되었다. 두 번째는 무적함대의 진로를 막는 작전이었다. 영국은 무적함대와 파르마군의 합류를 막는 일이 전략이 된 시점부터 영국 해협에 무적함대가 나타나면 산발적으로 공격을 퍼부어 함대의 진로를 방해했고 더욱이 칼레 연안에서는 화선 공격을 개시해 함대의 진형을 흩뜨리고 지휘명령 체계에 타격을 가했다.

스페인이 구상한 영국 본토 상륙 작전에 관한 기밀 정보를 미리 손에 넣은 덕분에 영국은 대항 조치를 미리 취할 수 있었다.

3. 여왕 암살 계획의 저지와 스파이

발각된 여왕 암살 계획

엘리자베스 여왕 시대를 논하는 이상 그냥 지나칠 수 없는 것이 스코틀랜드 여왕 메리 1세(메리 스튜어트)와 얽힌 권력 투쟁에 관한 이야기다. 해적이라는 주제에서 살짝 벗어나지만 조금 들여다보면, 엘리자베스 여왕이 많은 해적과 손을 잡으면서까지 세력권을 조금이라도 더 넓히려 애썼던 내막이 드러난다.

스페인 선박을 습격하고 재화와 보물을 약탈하려는 경제적 목적 외에 해적들을 해군으로 편입하는 등 전쟁 기계로까지 활용했던 배경은 엘리자베스 여왕이 정적(政敵)인 로마 가톨릭 세력에 포위되었다는 가혹한 정치 상황 때문이었다. 다음은 여왕 암살 계획으로 상징

되는 권력 투쟁의 요점을 정리한 내용이다.

영국과 스페인의 관계 악화에 박차를 가한 정치 사건은 바로 스코틀랜드 여왕 메리 스튜어트 처형 사건이었다. 스튜어트는 엘리자베스 여왕 암살 계획의 주모자로 체포되어 파서링게이 성(城)〈노샘프턴셔주(州)〉에서 1587년 2월 처형당했다. 이 사건을 계기로 스페인의 영국을 향한 적의가 격해졌고 무적함대를 편성하여 영국 본토를 공격하자는 주전론이 급속도로 퍼져나갔다. 메리 스튜어트가 처형된 지 일 년 후, 스페인은 영국 본토 상륙 작전을 감행했고 무적함대를 파견했다.

스튜어트는 스코틀랜드 여왕이면서 영국 국왕 헨리 7세의 증손자여서 영국의 왕위 계승자이기도 했다. 영국 여왕으로 즉위할 수 있는 정통성을 지녀서 만약 엘리자베스 여왕이 실각한다면 스튜어트가 새로운 영국의 여왕이 될 가능성이 충분했다. 스튜어트의 경력은 여기서 끝이 아니다. 스튜어트는 작고한 프랑스 국왕 프랑수아 2세의 아내로 프랑스의 왕비였으며 유럽 대륙의 로마 가톨릭 세력과 깊은 유대 관계를 맺고 있었다. 로마 가톨릭 세력의 상징적 존재였던 스튜어트가 개신교 국가 영국(당시 잉글랜드)으로 망명하면서 스튜어트를 둘러싼 로마 가톨릭과 개신교의 양대 종파의 갈등은 거대한 정치 세력의 권력 투쟁으로 번져 각종 음모의 소용돌이를 불러왔다.

스코틀랜드에서 태어났지만 프랑스의 왕세자비 후보가 되어 6세에 프랑스 왕실에 맡겨진 스튜어트는 1558년에 왕세자와 결혼했고 이듬해 왕세자가 국왕에 즉위하면서 프랑스의 왕비가 되었다. 그러나 일 년 후인 1560년에 국왕이 요절하는 바람에 1561년에는 조국 스코틀랜드로 돌아가야만 했고 이때부터 스튜어트는 인생의 격동기를 맞이한다. 스코틀랜드로 돌아오고 나서 재혼을 거듭하는 와중에 격렬한 권력 투쟁에 휘말리면서 영국으로 망명하는 것 외에는 다른 선택지가 없었다. 스튜어트는 각지를 전전하는 처지임에도 프랑스 여왕이라는 경력과 영국 여왕으로 즉위할 수 있는 자격 때문에 늘 열성적인 지지자들에 둘러싸였다. 그녀의 지지자 중에는 런던 주둔 스페인 대사인 멘도사가 있었다. 그렇게 프랑스 왕실과 스페인 대사가 연관된 스튜어트를 지지하는 네트워크가 설립되었다. 엘리자베스 여왕 암살 계획은 이 네트워크 안에서 부상했다.

한편 엘리자베스 여왕은 국왕 헨리 8세와 그의 총애를 받은 후처 앤 불린 사이에서 태어난 자식으로, 로마 가톨릭교회는 이들을 이단 개신교로 취급했다. 엘리자베스가 여왕으로 즉위한 배경에는 '블러디 메리'〈Bloody Mary(피의 메리)〉라고 불렸던 이복 언니 메리 1세의 서거가 있었다. 독실한 로마 가톨릭 신도였던 메리 1세는 로마 가톨릭을 다시 부흥시키려 개신교에서 구교로 개종할 것을 강요했고 이러한 종교개혁에 반대하는 개신교 성직자와 신도 약 300명을 체포하여 화형에 처했다. 블러디라는 수식어는 그녀가 가한 무자비한 박해

스코틀랜드 여왕 메리 1세(메리 스튜어트)

에서 비롯된 별명이다. 알코올 도수가 높은 보드카와 새빨간 토마토 주스를 섞어 만드는 칵테일 블러디 메리는 자꾸 손이 가도록 입맛을 돋우는 맛이지만 그 이름은 참혹한 종교 탄압에서 유래하였다.

스페인과 프랑스에서 개종하지 않으면 화형에 처하는 식으로 개신교도를 핍박하는 이단 종교 재판이 열리고 있다는 소식이 엘리자베스 여왕과 측근에게 들려왔다. 1572년 파리에서 일어난 다수의 개신교도(위그노)가 로마 가톨릭 세력으로부터 살해당한 성 바르톨로메오 축일의 학살 사건을 비롯해 크고 작은 살해 사건이 끊이지 않던 시대였다. 엘리자베스 여왕을 암살한 다음 스코틀랜드 여왕 메리 스튜어트가 영국의 왕좌를 빼앗는다는 시나리오는 결코 허무맹랑한 낭설이 아니었다. 즉 스튜어트가 영국으로 망명한 이상, 엘리자베스 여왕의 치세는 평탄하지 않을 것이라는 우려가 늘 그녀를 긴장하게 했다. 엘리자베스 여왕은 언젠가 한 번은 메리 스튜어트 일파와 결판을 내야했다.

여왕 암살의 음모

엘리자베스 여왕을 노린 여러 암살 시도 중 유명한 사건으로는 배빙턴 사건, 스록모턴 사건, 리돌피 사건 등이 있다. 그중에서도 배빙턴 사건은 스튜어트의 운명을 좌우한 큰 사건이었다. 앤서니 배빙턴은 원래 스튜어트를 모시는 가신으로, 파리 주재 스페인 대사인 멘도사의 지원을 받아 감금 중이던 스튜어트 여왕을 구출하는 동시에 엘리자베스 여왕을 암살하는 계획을 세운 인물이다. 바다에 있던 스페인 대군이 상륙하면 영국 국내의 로마 가톨릭 신도들이 한꺼번에 봉기하여 엘리자베스 여왕 일파를 싹 쓸어버린다는 야심 가득한 음모였다. 배빙턴은 스튜어트 여왕과 극비 문서로 소통했으며 영국에서 추방당한 멘도사 스페인 대사와도 자주 연락하고 있었다.

비서장관 월싱엄은 스파이 정보망을 활용해 암호로 적힌 극비 문서를 해독한 끝에 배빙턴의 여왕 암살 계획이 실현성이 높다고 판단했다. 그래서 도망 중이던 배빙턴을 1586년 7월에 체포한 다음 처형했다. 게다가 월싱엄은 스튜어트 여왕이 깊이 관여되었다는 명목으로 스튜어트를 같은 해 9월에 체포했고 영국 의회와 엘리자베스 여왕으로부터 동의를 얻어 1587년 2월에 스튜어트를 단두대로 끌고 갔다.

스파이 총괄자

월싱엄은 로마 가톨릭 세력과의 대립, 스페인 무적함대와의 전쟁, 스코틀랜드 여왕 메리 1세 일파와의 권력 투쟁에서 승리하기 위해 스파이전을 최전선에서 진두지휘한 인물이다. 영국 국내에 있는 로마 가톨릭 신도의 거주지를 상세한 지도로 작성하여 파악하는 등 반(反)로마 가톨릭에 관한 정보 수집에 집념을 불태웠다.

템스 강에 입항한 무역선을 통해 들어온 로마 가톨릭 신도가 포교 활동을 위해 영국으로 온 선교사일 경우, 그들을 우선 자유로이 풀어 주고 철저히 미행한 다음 영국 국내에 숨어있는 후원자를 잡아냈다. 스튜어트 여왕 일파의 엘리자베스 여왕 암살 계획을 폭로하고 암호화된 밀서를 해독했다며 스튜어트 여왕의 관여를 강력히 주장하는 월싱엄의 기세는 그 누구도 이의를 제기할 수 없을 정도로 드높았다. 월싱엄이 반(反)로마 가톨릭의 전위가 된 데에는 깊은 사연이 있다. 앞에 나오듯이 엘리자베스 여왕의 추밀 고문관으로 임명되고 비서 장관으로 발탁되기 직전까지 월싱엄은 파리에 있었다.

월싱엄은 1570년 프랑스 주재 영국 대사로서 파리에 부임하면서 프랑스의 동향을 꼼꼼하게 살폈다. 영국 대사관은 센 강 왼편의 시테 섬이 잘 보이는 명당에 있었다. 그곳에서 1572년 성 바르톨로메오의 축일에 발생한 프랑스 개신교도, 위그노 학살 사건을 목격한 월싱엄은 큰 충격을 받았다. 수많은 위그노가 이른 아침부터 살해당하는 현장을 직접 눈으로 본 이후 로마 가톨릭 신도에 대한 증오, 공포, 불신이 깊어져 영국에 반(反)로마 가톨릭 세력의 아성을 세운 것이다. 월싱엄은 성 바르톨로메오 축일의 학살 사건의 살아 있는 증인으로서 여왕과 추밀원에 생생한 경험담을 전했고, 영국이 개신교 국가로서 절대 물러설 수 없다는 각오로 로마 가톨릭 세력에 맞서야 한다며 유력자들을 설득했다.

　로마 가톨릭 신도에 대한 병적인 적개심으로 가득 찬 월싱엄은 집요한 스파이 작전을 펼친 끝에 엘리자베스 여왕 암살 계획을 적발하고 스코틀랜드 여왕 메리 스튜어트를 처형하는 데 성공한다. 로마 가톨릭 세계의 수호신을 자인한 스페인 국왕 펠리페 2세는 스튜어트가 처형당한 일에 매우 격노했고 더구나 드레이크를 비롯한 영국 해적의 횡포와 약탈 행위에 대한 울분이 극에 달한 상태였다. 이렇게 해서 영국 본토를 향한 스페인 군대의 침공 가능성이 급격히 커지게 되었다.

　이제 와서 스페인과의 전쟁을 회피할 수는 없다고 판단한 엘리자베스 여왕은 드레이크를 주축으로 하는 해적선단을 편성했고 스페인 본토를 선제공격하도록 극비리에 지시했다. 해적의 습격과 약탈에 국가는 전혀 관여하지 않았다고 부정하면서도 엘리자베스 여왕은 해적을 활용한 비정기전을 꾀함으로써 스페인의 전력을 최대한 낮추는 작전을 펼쳤다.

4. 스페인을 무찌르기 위한 해적 작전

스페인 식민지를 습격하고 약탈하다

대국 스페인과의 전쟁이 불가피함을 전제로 영국은 스페인의 힘을 떨어뜨릴 작전을 세웠다. 스페인이 보유한 대형 범선을 약탈하거나 파괴하여 무적함대의 전력을 약화하는 방법과 약탈한 스페인 선박의 이름을 바꾼 다음 영국 해군에 편입해 영국의 해군력을 강화하는 방법을 동원했다. '약체화 작전'이라는 작전명은 그럴듯하지만 실제는 '약탈'이었다. 영국의 표적은 대형 범선에 그치지 않고 무적함대와의 전투의 전초전 격인 스페인 본토의 항구, 대서양의 아소르스 제도, 카리브 해의 스페인 식민지 등의 지역이 포함되었다. 영국은 이들 지역을 쉴 새 없이 습격하며 스페인의 전력과 재물을 갉아먹는 작전을 펼쳤다.

드레이크는 세계 일주를 성공한 지 5년 후인 1585년 9월에 카리브 해의 스페인령을 본격적으로 침략하기 위해 대형 해적선단을 이끌고 플리머스 항구를 떠났다. 범선 약 30척, 총인원 2,300명으로 구성된 해적선단은 스페인의 거점 히스파니올라 섬의 산토도밍고나 남미 대륙의 북단에 있는 항구 도시 카르타헤나, 그리고 북미 대륙 연안의 플로리다를 연이어 공격하여 스페인 요새를 무참하게 파괴했다.

　총사령관은 해적 드레이크가, 부사령관은 왕실 해군 장교인 마틴 프로비셔가 맡았다. 지금 돌아보면 해적 출신이 왕실 해군의 수장이 되는 구도가 기묘하게 느껴진다. 그러나 당시의 상식으로는 풍부한 경험과 뛰어난 기술을 갖춘 해적이 약소한 해군을 지휘하는 일은 그리 이상하지 않았다. 그렇게 여왕의 총재 아래 해적과 왕실 해군의 연합 함대가 편성되었다. 더욱이 스페인 식민지 상륙 작전을 염두에 두고 투입된 육군 장교 크리스토퍼 칼레일의 보병 1,000명이 배에 올라탔다. 여왕은 해적 함대에 왕실의 해군과 육군을 합세하여 이상적인 해적부대를 탄생시켰다. 카리브 해 원정을 통해 알 수 있는 여왕의 책략은 다음과 같다.

　(1)해적과 왕실 해군의 연합 함대를 편성. 연합 함대의 규모는 범선 30척, 총병력 2,300명. 구체적으로는 해적과 왕실 해군의 연합군 1,300명, 상륙 작전에 필요한 육군 병사 1,000명으로 구성.

(2)연합 함대의 총사령관에는 해적 드레이크를, 부사령관에는 해군 프로비셔를 임명.

(3)스페인 식민지 상륙 시 지휘관에는 육군 장교 칼레일을 임명.

스페인 무적함대와 전면전을 벌이기 전까지는 반드시 민간 무장 집단인 해적이 스페인 선박을 습격·약탈하는 모양을 유지하도록 엘리자베스 여왕은 방침을 세웠다. 16세기의 국제 관계 속에서 대국 스페인과의 경쟁에서 앞서기 위해서는 해적과 왕실 해군을 적절히 활용하거나 양쪽을 연합하게 하는 기획이 필요했다. 해적, 왕실 해군, 왕실 육군의 삼자 연합 함대, 혼성 부대를 편성하여 감행한 카리브 해 원정을 통해 여왕은 스페인 무적함대에 맞서는 작전 노하우를 체득할 수 있었다. 그 시점에서 엘리자베스 여왕의 비밀 해적 작전은 이미 실질적인 참전으로 변해 있었다.

카리브 해의 스페인 식민지 습격

드레이크 선단은 1585년 9월 플리머스에서 출발해 스페인 연안 카나리아 제도에서 남하했다. 그리고 서아프리카 연안의 베르데 곶을 경유한 다음 대서양을 곧장 횡단해 카리브 해로 향했다. 대서양에 흩어져 있는 섬들을 표지로 삼아 계절풍(편동풍)을 타고 식료품과 음료 보충도 염두에 두면서 카리브 해로 떠났다. 이 경로가 해적선단의 대표적인 항로이다. 운 좋게 스페인이나 포르투갈 선박과 만난다면 습격하여 얻은 약탈품을 영국으로 챙겨 돌아갈 궁리도 하고 있었다.

드레이크 선단이 카리브 해에 도착한 시점은 1585년 12월이고, 플리머스에서 출항한 지 마침 4개월이 지난 때였다. 도미니카 공화국을 시작으로 히스파니올라 섬의 산토도밍고, 남미 대륙의 북부 카르타헤나, 케이맨 제도, 쿠바, 북아메리카 대륙의 플로리다 부근까지 지나가는 동안, 드레이크 선단은 방위가 허술한 항구 마을을 물색하고 만만한 표적을 발견하면 습격·약탈·파괴·방화 등의 범죄를 저질렀다. 표적에는 로마 가톨릭교회도 포함되었다. 습격을 받은 마을은 모두 스페인의 국외 식민지였으나 경비가 미비하고 제대로 된 요새도 아닌 탓에 드레이크 선단의 짧은 점령을 허용하고 말았다. 대국 스페인의 명예와도 얽혀 있으나 스페인 출신 식민지 행정관은 드레이크에게 속수무책이었다. 이는 일시적이나마 카리브 해가 영국의 지배하에 놓이는 최초의 사태로 기록된다.

드레이크 해적선단이 1586년 1월 산토도밍고에 상륙하여 항구 마을을 파괴했다는 첫 보고를 스페인 국왕 펠리페 2세가 들은 때는 같은 해 5월이었다. 교통과 통신이 발달하지 않았던 16세기에는 산토도밍고에서 보낸 급서조차 도착까지 4~5개월이 걸렸다. 스페인 본토에서 오는 정기선을 기다리는 일만이 서간을 보내는 유일한 방법이었기 때문이다. 이 첫 보고가 스페인에 도달한 직후에 카르타헤나가 함락되었다는 정보를 듣고 스페인 국왕은 영국과의 전면전을 결행하기로 마음을 굳혔다.

그로부터 1년 뒤 드레이크 함대가 스페인 본토의 카디스 항을 습격하는 사건이 발생하면서, 전면 대결을 앞둔 영국과 스페인에 일촉즉발의 긴장감이 감돌았다. 온갖 시도로 스페인의 국력을 약체화하려는 노력과 함께 엘리자베스 여왕의 앞을 내다본 수를 실행할 때가 다가오고 있었다.

카리브 해의 스페인 식민지를 공격할 때 선단의 피해를 최소화하기 위해 드레이크는 정보 수집에 많은 공을 들였다고 한다. 드레이크는 세계 일주를 전후하여 카리브 해의 스페인 식민지에 에이전시를 몇 개씩이나 설치해 적진의 동향을 살폈다. 이번 카리브 해 습격에서 드레이크가 큰 피해 없이 능수능란한 면모를 보인 것은 모두 에이전시의 정보 덕이었을 테다.

카리브 원정의 경제 효과

드레이크의 카리브 해 원정은 영국과 스페인 양국에 어마어마한 영향을 미쳤다. 원정 결과, 전리품은 가치가 낮고 출자자에게는 충분한 보상이 없을뿐더러 인적 피해도 막대했다. 해적 연합체에 참가한 영국의 출자자들은 큰 실망을 감추지 못했다. 그러나 드레이크의 영웅 전설이 만들어지면서 국위 선양과 민족주의를 고양했다는 점에서는 의의가 컸다.

여왕을 필두로 출자한 사람들에게 드레이크의 원정은 별 성과가 없는 모험이었다. 그토록 애타게 찾았던 스페인의 재화와 보물은 얻지 못했고 값진 전리품도 없이 기력을 소진하는 바람에 마지못해 귀국했기 때문이다. 전리품의 가치는 총 11만 6,700파운드로 그 내역은 다음과 같다.

압수한 대포 등 무기(금액으로는 6천 700파운드), 금은(4만 3천 파운드), 철·구리·아연·가죽 등 약탈품(6만 7천 파운드). 드레이크 선단이 쓴 경비를 모두 뺀 순이익은 4만 6천 파운드로 출자금 1파운드당 배당금은 0.75파운드에 불과했다.

약탈한 스페인의 재물로 경제적 이익을 기대했던 자들에게 드레이크의 카리브 해 원정은 대실패였다. 심지어 생환한 선원에게 임금을 지급하지 않은 문제가 불거지며 전체적으로 수지 균형이 맞지 않아 적자가 났다. 한편 전체 선원 1,925명 가운데 750명이 사망하면서 6할의 선원만이 생환했고 사망의 주요 원인은 전투가 아닌 항해 중 발생한 열병과 괴혈병이었다. 비좁은 선내의 불량한 위생 상태 때문에 당시 원양 항해를 떠나는 배에서는 반드시 열병이 돌아 선원이 많이 죽어 나갔다. 식수도 부족해 강하게 내리쬐는 땡볕 아래에서 탈수 증세를 호소하며 목숨을 잃는 사람도 매우 흔했다.

살아 돌아온 선원들은 플리머스 항에서 임금 미지급으로 폭동을 일으켰고, 이 사건은 여왕 폐하가 관여한 드레이크 선단의 공적에 오점을 남겼다.

카리브 원정의 정치 효과

드레이크의 카리브 해 원정이 영국에게 나쁜 일만 불러온 것은 아니었다. 이 원정은 영국에게 본격적인 스페인 식민지 전쟁에서 맞설 수 있다는 자신감을 키워주었다.

런던에서는 드레이크의 원정 기록을 담은 〈프랜시스 드레이크 경의 서인도 제도 항해에 관한 요지와 진상〉이라는 책이 출간되었다. 이 책에서 드레이크는 스페인의 지배 하에서 괴로워하는 카리브 해의 민중을 해방한 영웅으로 묘사되고 드레이크의 카리브 해 원정은 대성공을 거두었다는 취지로 쓰여 있다. 영국이 드레이크를 국가 영웅으로 교묘하게 이용한 시점을 예측할 수 있다. 플리머스로 귀항한 직후 발발한 선원 폭동 사건은 묻어두고 드레이크 원정의 정치적 의의를 강조하여 드레이크를 영웅시하는 정책으로 전설을 만들었다.

엘리자베스 여왕은 머지않아 다가올 스페인과의 전면전에 대비해 평소에 스페인 식민지와 보물선을 습격해 스페인의 국력을 감퇴시키는 작전을 착실하고 집요하게 펼쳤다. 여왕은 작전의 최전선에 영웅 드레이크를 배치하는 책략을 펼쳤다. 민심을 하나로 모으는 거국일치(擧國一致)제를 구축하는 수단으로써 드레이크는 철저히 이용당했다.

동남아시아 원정을 단념

드레이크는 1585년에 카리브 해 원정을 위한 해적선단을 편성했으나 사실 이 선단의 목표는 동인도의 말루쿠 제도(현재의 인도네시아령)로 출격해 포르투갈의 지배를 받는 동남아시아에 해외 거점을 만드는 것이었다. 세계 일주 항해를 통해 말루쿠 제도가 향신료 특산지라는 것을 알게 된 드레이크는 말루쿠 부근에 영국령을 두고 향신료 무역을 독점함으로써 영국에 부를 가져다줄 새로운 창구를 찾으려 했다. 그렇게 말루쿠 원정을 위한 연합체가 결성되고 관련 계약서는 1584년 11월에 작성되었다. 계약서에는 출자자 목록과 출자금액, 선단 편성, 선원 수 등을 비롯해 원정 후 출자자별 약탈품 분배 비율도 적혀있다.

출자금액의 합계는 4만 파운드로, 출자자는 출자금을 많이 낸 순서대로 여왕(현금 1만 파운드 및 왕실선 2척), 드레이크(7천 파운드), 레스터 백작(3천 파운드), 존 호킨스(2천5백 파운드), 윌리엄 호킨스(1천 파운드), 월터 롤리 경(4백 파운드)이다. 말루쿠 원정대는 총사령관에 드레이크를 임명했고 범선 15척, 범선이 끌고 다니는 소형 보트 20척, 선원 1천600명으로 구성하였다. 국가 예산 1년분의 약 20%에 달하는 금액이 투입되었다. 최대 출자자는 자금과 범선을 제공한 엘리자베스 여왕으로 원정 후에 있을 고액의 보상을 기대한 것으로 보인다. 왕실선(船)은 낡고 오래되어 큰 전력(戰力)이 되지는 못했지만 왕실선의 제공은 수천 파운드를 추가 출자한 것으로 간주되어 전리품 분배 시 여왕에게 유리하게 작용했다.

여왕이 말루쿠 원정대를 정식으로 인하한 날짜는 12월 24일이지만 실제로 원정대는 1585년 9월에 출정했다. 드레이크는 여왕의 인가를 받기까지 9개월이라는 시간을 기다려야 했다. 심지어 그동안 목적지가 말루쿠 제도에서 카리브 해로 변경되기도 했다. 진상은 밝혀지지 않았지만 여러 가설이 있는데 당시의 상황 4가지를 통해 추측해보자.

(1)말루쿠 제도는 거리가 멀어서 항해 일수가 길고 항해 위험도가 매우 높다. 여왕과 출자자들이 손해를 볼 가능성을 줄이기 위해 말루쿠 원정을 중지했다.

(2)카리브 해의 약탈에는 실적이 있고 항해 중에 스페인 보물선을 습격할 수도 있어 사업 위험도가 낮다. 따라서 목적지를 카리브 해로 바꾸었다.

(3)네덜란드 개신교도가 스페인에서 독립운동을 펼치는 가운데 여왕은 네덜란드 개신교도를 지원하기 위해 유사시에는 드레이크 선단을 군사로 동원할 필요가 있었다. 따라서 목적지를 지구 반 바퀴를

돌아 도착하는 말루쿠 제도에서 카리브 해로 바꾸었다.

⑷드레이크 선단에 참가할 예정이었던 몇몇 주력 범선을 수리·
정비하는 데 시간이 걸려 출항이 늦어졌다.

아마도 이러한 요인들이 겹쳐져서 목적지도 출항일도 크게 바뀌
었을 가능성이 있다.

스페인 본토 습격

스코틀랜드 여왕 메리 1세가 처형된 지 한 달 후, 엘리자베스 여왕
은 미리 해적선단 편성을 꾀하고 스페인 본토를 공격하도록 명령했
다. 드레이크는 1587년 3월, 스페인 본토를 습격하기 위한 해적선단
을 새로이 꾸렸다. 여왕 주도의 해적선단이 약탈한 전리품의 절반은
여왕에게 돌아갔고 나머지 반은 출자 비율에 따라 출자자들에게 분
배되었다.

드레이크 선단은 여왕이 제공한 왕실선 4척(보나벤처 호, 골든 라이
온 호, 레인보우 호, 드레드노트 호)에 드레이크와 해적 연합체의 범선 5
척, 출자자인 상인들이 마련한 상선 10척이 더해져 약 20척 규모로
구성되었다. 특히 왕실선은 모두 500톤 급에 달했으며 드레이크 선
단에서 중핵 역할을 했으므로 여왕이 해적선단의 중심인물이라는
사실은 숨길 수 없다.

카디스 항구 습격 - 상선 부대에 감행한 약탈, 파괴, 방화

드레이크는 1587년 4월 플리머스 항구를 떠나 이베리아반도로 향했다. 원래는 스페인에 합병된 포르투갈의 항구 도시 리스본을 습격할 계획이었으나 각국에 파견한 스파이로부터 스페인 남부 카디스항에 대형 상선 부대가 정박해있다는 정보를 손에 넣었기 때문이다.

드레이크 선단은 이 정보를 듣고 카디스 항으로 진로를 바꾸어 정박 중인 범선을 습격해 약탈과 방화를 저질렀다. 드레이크는 카디스 공격을 돌아보며 '스페인 왕의 수염에 불을 붙인 정도'라고 술회했으나 스페인에게 카디스 공격은 '영국의 진주만 습격'이라고 할 정도로 꿈에도 생각하지 못한 기습 공격이었다. 스페인은 영국 국기를 게양하지 않은 드레이크 선단을 네덜란드 원정에서 돌아온 아군으로 착각하여 아무런 저항 없이 선단을 받아들였다. 그렇게 해서 드레이크 선단은 가뿐하게 스페인 상선 부대를 집어삼킬 수 있었다.

드레이크는 이용 가치가 높은 스페인선 4척을 나포해 드레이크 선단에 합류시켰고 상선 부대에서 약탈한 전리품(무기, 탄약, 와인, 기름, 비스킷, 말린 과일 등)을 배 한 척에 가득 실어 그 배를 영국으로 보냈다. 또 많은 상선을 부수고 침몰시킴으로써 스페인 해군에 상선 부대가 합류하는 것을 사전에 방지하는 등 용의주도하게 파괴 활동을 벌였다. 로마 가톨릭교회에도 서슴지 않고 횡포를 저지르며 스페인을 향한 적의를 숨기지 않았다.

스페인 국왕선 약탈 - 아소르스 제도(諸島)

드레이크 선단은 1587년 6월 카디스 항을 습격한 후, 대서양에 있는 아소르스 제도를 들러 스페인 국왕 소유의 선박 '산 펠리페 호'를 나포한다. 국왕선은 동인도라고 불리는 동남아시아에서 귀항하던 중 아소르스 제도(지도 202쪽) 항구에 잠시 정박하고 있었다. 금·은, 비단, 벨벳, 향신료, 도자기 등 귀중품을 가득 실은 그야말로 '보물선'이었다.

드레이크는 국왕선을 자신의 해적선단에 편입하기 위해 국왕의 보물선을 그대로 플리머스 항으로 끌고 갔다. 드레이크는 항해 중 고성능 선박을 발견하는 족족 나포하고 영국에서 타고 온 낡고 오래된 범선은 버리는 식으로 선단의 성능을 높이기 위한 노력을 게을리 하지 않았다. 영국이 일군 해군과 상선 부대의 근대화가 사실은 스페인이 보유한 고성능 범선을 약탈한 덕분이라는 것은 역사적으로 명백한 사실이다.

드레이크 선단이 스페인 본토를 급습하고 스페인 국왕선을 나포한 사건의 보복으로 스페인 국왕 펠리페 2세는 해군 제독 산타 크루스 공이 이끄는 정예부대에게 드레이크를 추적하고 반격하라는 지시를 내린다. 그러나 스페인 함대는 도주에 능한 드레이크 선단을 발견조차 하지 못했다. 더구나 고령의 산타 크루스 공이 격무에 시달린 나머지 항해가 종결된 이후 급사하면서 스페인은 드레이크에게 계속 농락당할 뿐이었다. 이렇게 스페인을 피폐시켜 영국은 이후 발발

된 무적함대와의 전투에서도 우위에 설 수 있었다.

이전의 카리브 해 원정에서는 충분한 전리품을 여왕에게 헌납하지 못했지만 스페인 본토 습격 및 스페인 국왕선 나포를 통해서 큰 수확을 한 드레이크는 이번에는 개선장군이 되어 위풍당당하게 귀국할 수 있었다. 엘리자베스 여왕과 유력 출자자들은 드레이크를 영웅으로 칭송해 마지않았으나 전리품의 상세 내역이 확실하지 않아 실제 출자자들의 수지 균형을 자세히 알 수는 없다. 약탈한 전리품 가운데 스페인 국왕의 보물선이 포함되어 있어 정치적 관계를 고려한 영국이 배려의 의미로 전리품의 전용을 밝히지 않았을지도 모를 일이다. 해양 역사가들에 따르면 뼛속까지 해적인 드레이크는 값비싼 전리품은 육지로 옮기지 않고 범선 안 창고에 숨겨두었으리라는 분석이 담긴 스페인 정보기관의 공문서가 남아 있다고 한다. 진상은 여전히 베일에 싸여 있다.

지금까지 드레이크를 중심으로 영국 해적선단의 작전을 톺아보았다. 드레이크 해적선단은 규모가 크고 엘리자베스 여왕이 배후라는 점에서 다른 해적선단과 비교할 수 없지만 실제로는 스페인 식민지 각지를 습격하고 보물선을 약탈하는 데에 가담한, 역사에 잘 알려지지 않은 이름 모를 해적들도 존재했다.

1587년 6월 말, 드레이크는 나포한 스페인 국왕선을 이끌고 플리머스로 귀항했다. 그로부터 공교롭게도 일 년 후, 영국과 스페인은 영국 해협과 도버 해협을 무대로 전면 전쟁에 돌입했다.

사상 최대의 해적선단을 편성

영국과 스페인 무적함대의 해전은 영국의 승리로 결론이 났으나 영국과 스페인의 전쟁은 결코 단 한 번으로 끝나지 않았다. 엘리자베스 여왕은 살아 있는 동안 스페인을 상대로 전쟁을 쉬지 않았다. 양국 간의 전시 태세는 15년이나 이어졌다. 여왕이 1603년에 70세의 나이로 서거한 후 스코틀랜드 여왕 메리 1세의 아들이 후계자로서 영국의 차기 국왕 제임스 1세에 즉위할 때까지 양국은 교전 중이었다.

1604년에 양국의 강화협상이 성사되어 전쟁은 겨우 종결되었지만 15년 동안 '여왕 폐하의 해적'은 스페인을 끊임없이 공격했다. 엘리자베스 여왕은 해적과 병사를 대거 동원하여 스페인 선박을 향한 습격과 약탈을 계속 반복했다. 더욱이 스페인 본토와 카리브 해 식민지에 해적선단과 육군 병사를 파견하여 각지에서 금품을 강탈하도록 지시했다. 무적함대와의 전투(1588년)로 예산을 다 써버리면서 빚더미에 앉은 재정을 원상태로 되돌리려고 여왕은 영국의 특기인 해적질을 일삼았다. 빚을 갚고 스페인을 약화시키려 여왕은 해적 행위를 멈추지 않았다.

그렇지만 해적 행위가 늘 성공한 것은 아니다. 카디스 항 등 주요 항구 도시가 급습당한 이후, 스페인은 본토 방위를 급속히 강화하여 영국의 침략에 대비했다. 이에 여왕과 드레이크는 두 가지 전략 (1)스페인 본토로 돌아간 무적함대의 주력 부대에 결정적 타격을 가해 다시 영국을 침략할 야망을 뿌리 뽑는 일 (2)스페인 선박을 습격해 스페인의 재화를 약탈하는 일에 의견 일치를 보았다. 그러나 표적이나 방법론에서 이견을 보이며 양자의 갈등이 깊어졌다.

1589년 4월, 여왕은 드레이크에게 약 150척 규모의 해적선단을 편성해 스페인 본토로 돌아온 무적함대를 공격하고 주요 도시 리스본(현재의 포르투갈 수도)을 파괴하도록 명령했다. 또 본토 상륙 작전이 끝나자마자 대서양의 아소르스 제도로 이동해 스페인 선박을 약탈하도록 지시했는데 그 내용이 당시 명령서에 상세히 쓰여 있다. 무적함대와의 전투가 끝난 지 겨우 1년이 지난 때여서 해적선과 해군 선박의 수리·유지 관리가 충분히 이루어지지 않은 상태였다. 드레이크는 여왕의 명령에 따라 스페인 본토 공격에 나섰다. 계획을 실현하기 위해 여왕은 유례없는 대규모 해적선단을 꾸렸고 총사령관에 드레이크를 세웠다.

이번에는 드레이크의 해적선단에 왕실 해군과 왕실 육군이 참가하는 방식으로 연합 함대가 발족했고 2만 3,000명의 선원과 병사가 동원되었다. 영국 사상 최대 규모의 해적선단이 탄생하는 순간이다. 여왕은 원래 2만 파운드를 출자할 예정이었으나 최종적으로는 5만 파운드를 제공했다고 한다. 그리고 왕실 선박 6척을 제공한 사실로부터 엘리자베스 여왕이 무적함대에 대한 공격과 노략질에 얼마나 진심이었는지를 알 수 있다.

그러나 드레이크가 전쟁에서 성과를 올리고 거액의 전리품을 가져다줄 것이라 기대한 여왕의 예측은 크게 빗나가며 비참한 결과를 낳게 되는데…….

스파이 예산의 삭감 - 연승 행진에 제동이 걸리다

드레이크는 여왕으로부터 스페인 본토 비스케이 만(灣)의 항만 도시 산탄데르를 습격한 다음 리스본을 함락하라는 명령을 받았지만 여왕의 말을 거역하고 산탄데르에 가지 않은 채 또 다른 항구 도시인 라 코루냐로 향했다. 자만인지 직감에 따른 건지, 드레이크 행동의 진의는 드레이크 자신만이 알 것이다. 스페인 본토 습격 계획을 매우 세세하게 세웠던 여왕의 지시를 무시하고 드레이크는 단독 행동에 나섰다.

스스로의 판단으로 습격에 성공한다면 임기응변이 뛰어난 책략가라고 인정받겠지만 실패한다면 명령을 어긴 죄로 엄벌을 면하지 못할 것이다. 이때부터 드레이크의 영광스러운 역사에 서서히 먹구름이 끼었다.

1년 전에 무적함대가 영국의 화선 공격과 악천후로 자멸한 이후, 스페인은 본토의 방위 체제를 강화했고 영국 선박에 대한 경계 단계를 서서히 높여갔다. 원래대로라면 영국은 민첩한 스파이를 통해 이러한 스페인 정세의 변화를 즉각 눈치 챘을 텐데, 대체 무슨 일이 있었던 것일까?

영국은 무적함대와의 전투에서 얻은 승리감에 도취된 나머지 긴장의 끈을 놓고 말았다. 승리 후 월싱엄이 운영하는 스파이 활동에 들어가는 예산을 여왕이 대폭 삭감하는 바람에 스페인에 대한 최신 정보는 단편적으로만 들어오게 되었다. 여왕은 무적함대의 주력 부대를 무력화하면 스파이 예산을 삭감해도 큰 문제가 없을 것이라고 낙관했을 테지만 그 잠깐의 방심이 영국의 발목을 붙잡게 되었다.

예상을 뛰어넘는 스페인의 거센 반격에 보병의 상륙 작전도 실패로 돌아가고 결과적으로 영국은 1만 7천 명의 선원과 병사를 잃었다. 육지와 해상에서 동시에 리스본을 공략하는 작전은 먼저 상륙해 행군하던 병사들이 뜨거운 여름 태양 때문에 일사병을 앓으면서 실패의 기색이 짙어졌다. 또한 식료품과 식수 보급 등의 후방 지원이 제대로 이루어지지 않은 탓에 병사들은 잇달아 쓰러지며 사망에 이르렀다.

철통같은 태세로 요새화된 리스본이 난공불락의 도시로 변모된 시점에서 리스본 공략은 실패로 끝났다. 아소르스 제도에서도 큰 성과를 내지 못한 채 역사상 최대 규모의 해적선단은 비참하게 후퇴하는 수밖에 없었다. 스페인 원정에서 생환한 선원과 병사는 6천명도 채 되지 않았다. 거액의 투자에 비해 전리품의 합계 금액이 3만 파운드로 그치는 바람에 출자자의 배당금은 밀리고 선원과 병사들의 임금도 충분히 지급하지 못했다.

연전연승을 자랑하던 영웅에서 한순간에 나락으로 떨어진 드레이크는 실의에 빠져 고향 플리머스로 돌아가, 그곳에서 플리머스항의 요새화(현재의 드레이크스 섬), 스페인전(戰)을 대비한 화선 준비, 수도 건설 사업 등 도시 인프라를 정비하는 일에 몰두했다.

그렇게 드레이크는 플리머스의 명사(名士)로서 조용히 생을 마감하는가 싶더니 역시 해적으로서 인생의 마지막을 장식하고자 여왕에게 카리브 해 원정 출항을 제안한다. 비록 드레이크가 해적의 최전선에서 물러난 상태였지만 영웅 드레이크의 명예를 회복하고 더욱이 스페인 본토 습격 작전에서 크게 본 손해를 메워주기를 바라며 여왕은 다시 한 번 그에게 설욕할 기회를 주었다.

마지막까지 '카리브 해의 해적'

엘리자베스 여왕은 1595년 1월, 드레이크와 호킨스에게 카리브 해의 스페인 식민지를 공격하고 약탈하도록 명령했다. 주요 표적은 스페인 재화 운송의 거점인 파나마였다. 거액의 빚을 갚아 왕실의 재정 상태를 개선하고 적국 스페인을 약체화시키려 여왕은 수도 없이 해적을 카리브 해로 보냈다.

대형 해적선단을 편성하는 과정에서 여왕, 여왕의 측근, '모험 상인' 등 힘 있는 출자자들은 거액을 투자하여 해적 연합체를 만들었다. 해적선단의 규모는 약 30척으로, 그 가운데 6척은 여왕이 제공한 왕실선이었다. 동원 인원은 선원 1천500명과 병사 1천명, 총 2천500명이고 그들에게는 카리브 해의 스페인 식민지를 공격하여 재화와 보물을 빼앗는 임무가 내려졌다. 비록 해적들은 만년(晚年)에 접어들었으나 여왕은 해적질에 온 마음을 쏟았다. 원양 항해에 나설 채비를 마치고 플리머스에서 출항한 때는 8월 말로, 카리브 해에는 대형 허리케인이 지나가고 난 다음에 도착하게끔 날짜를 계산했다.

그러나 뜻밖에 날씨가 좋지 않아 항해 도중 많은 선원이 열병, 적리, 괴혈병으로 쓰러져 싸워보지도 못하고 병으로 목숨을 잃는 등 드레이크가 경험한 수많은 원양 항해 가운데 최악의 항해가 되었다. 영원한 라이벌이자 죽마고우인 호킨스가 12월에 병에 걸려 눈을 감자, 마치 그의 뒤를 따라가듯 드레이크도 이듬해 1월 배 위에서 병으로 숨을 거두었다. 드레이크는 납으로 만든 관에 담겨 카리브 해에서 수장(水葬)되었다. 드레이크와 호킨스는 여왕 폐하의 해적이 되어 막강한 권력을 손에 얻었고 마지막까지 카리브 해에서 여왕 폐하의 해적으로서 삶을 불태웠다.

드레이크와 호킨스 사후, 곧바로 영국에서 해적이 사라진 것은 아니다. 영국은 모직물을 제외하면 해외에 수출할 수 있는 제품이 없었고, 무역에 주력하는 국가가 아니어서 여전히 유력한 수입원이 없다시피 한 상황이었다. 하지만 대국이 되고자 하는 의지가 강해 국가가 후원자로 나서 해적을 육성하고 장려하면서 부를 축적해왔다. 국가는 해적을 이용 가치가 있는 한 철저하게 이용하면서도 보호해야 하는 존재로 여겼다.

새로운 묘안

17세기 중반이 되자 해적과 국가의 관계에 한 가지 큰 변화가 일어났다. 1655년 영국이 카리브 해에서 세 번째로 큰 섬인 자메이카를 침공해 어렵사리 점령하면서 스페인이 카리브 해 전체에 행사하던 영향력이 순식간에 쇠퇴한 것이다.

영국은 1670년에 스페인과 마드리드 조약을 맺으며 자메이카 섬에 대한 소유권을 정식으로 인정받았다. 이 조약 체결에 앞서 스페인은 영국으로부터 카리브 해에서 빈번한 영국 해적의 스페인 선박에 대한 공격과 약탈을 중지하겠다는 약속을 받았다. 당시에는 카리브 해의 여러 섬을 근거지로 둔 스페인 선박을 공격하는 해적을 '버커니어'(Buccaneers)라고 불렀다. 버커니어는 해적이 먹었던 훈제 고기나 육류를 훈제하는 곳을 뜻하는 프랑스어(Boucaner)에서 유래했다.

영국 국왕 찰스 2세는 자메이카 섬 점령을 최우선 과제로 삼았기 때문에 버커니어를 제재하기에 나선다. 해적은 이용 가치가 여전히 높아 그냥 내버려 두기에는 아까운 존재였지만 스페인과의 관계를 숙고한 끝에 내린 결정이었다. 적어도 해적 대책을 마련했다는 인상을 스페인 쪽에게 심어줄 수 있는 묘안을 한 가지 떠올렸다.

당시 카리브 해의 스페인 영토를 휘젓고 다녔던 거물 해적 헨리 모건을 체포하여 런던으로 소환했다. 원래라면 런던탑에 유배하고 처형해야 마땅하나 영국 외교의 진수인 기발한 꾀와 교활함을 십분 발휘한 사건이 일어난다. 해적 모건에게 무려 기사 작위를 내려 자메이카 섬의 부총독으로 임명한 뒤(1674년) 동료 해적들을 단속하도록 하는, 매우 교묘한 해적 대책을 세운 것이다. 모건은 자메이카 섬으로 무사히 돌아가 생을 마감할 때까지 해적을 단속하느라고 분주하게 살았다.

영국에서 해적 무용론이 본격적으로 대두하기 시작한 때는 스페인이 해양 패권을 완전히 잃고 영국이 네덜란드와 세 번에 걸쳐 전쟁을 치르고 난(제1차 1652년, 제2차 1665년, 제3차 1672년) 18세기 초이다. 영국은 그동안 해적이 가져다준 수익, 즉 '해적 머니'에 의존했으나 시대의 흐름과 더불어 '해적 의존형 경제'에서 벗어날 수 있는 길을 서서히 모색했다.

'해적 머니'를 밑천 삼아 무역 강국이 되어 경제를 발전시키는 청사진을 구체적으로 그렸으며, 1651년에는 항해법(항해 조례)을 제정하기에 이르렀다. 항해법에는 영국의 무역 독점을 향한 야망이 숨어 있다. 항해법을 보면 영국 본국 및 영국 식민지와 무역 가능한 배는 영국 선박 혹은 수입품 원산국의 선박으로 한정하고 있다. 17세기에 해양 패자로 군림하던 네덜란드를 영국의 무역항에서 배제하려는 의도가 담겨있다. 이를 계기로 네덜란드가 품은 격렬한 반영(反英) 감정은 이후 자연스럽게 서로 전쟁으로까지 번진다.

골칫거리로 전락

무역 강국을 향해 키를 잡은 영국에게 이제 해적은 발목을 잡는 존재로 인식되었다. 원활한 해양 무역을 위협하는 골칫거리로 전락한 것이다. 18세기 초의 스페인 왕위 계승 전쟁에서 승전국이 된 영국이 지중해와 대서양에서 더 큰 해상권을 확보하면서 해적에 대한 취급이 180도 바뀌었다.

스페인 왕위 계승 전쟁의 전말은 다음과 같다. 스페인 국왕 카를로스 2세가 후사 없이 사망하자 왕의 유언을 내세운 프랑스 국왕 루이 14세의 손자가 스페인의 차기 국왕으로 등극했다. 그와 동시에 세계 곳곳에 흩어진 스페인 영토에 대한 지배권 역시 프랑스 차지가 되었다. 프랑스의 영향력이 점점 더 커지는 것을 우려한 오스트리아가 프랑스를 막으려고 스페인의 왕위 계승에 권리를 주장했다. 이에 영국과 네덜란드가 지지를 표명하여 유럽을 둘로 가른 스페인 왕위 계승 전쟁(1701~1714년)이 발발했다.

이 전쟁과 관련해 북미 대륙에서는 영국과 프랑스가 지배권을 둘러싸고 앤 여왕 전쟁을 일으키기도 했다. 1713년에 위트레흐트 조약(복수 조약의 총칭)이 체결되며 유럽을 떠도는 전란은 사그라졌으나, 결과적으로 가장 이득을 본 나라는 영국이었다. 대서양과 지중해를 잇는 전략적 요충지인 지브롤터와 지중해의 메노르카 섬(바르셀로나 연안, 마요르카 섬 근접)을 점령하면서 지중해 해상권에 상당한 지분을 확보했고 카리브 해에서도 입지를 더욱 단단히 굳혔다.

그리고 아프리카에서 카리브 해 및 중남미의 스페인 영토로 노예를 운송하고 매각할 때 쓰이는 독점권을 스페인으로부터 얻어 내, 매각 대금의 일부를 권리금 명목으로 거두어들일 수 있게 되었다. 이로써 노예무역은 정규 무역으로 자리 잡으면서 해적을 활용한 노예 밀수는 더는 할 필요가 없어졌다. 무역의 창구로는 아프리카 회사(1672년 설립)가 지정되었으나 얼마 지나지 않아 앤 여왕이 1711년에 설립 허가를 내린 남해회사가 창구를 대신하면서, 브리스톨과 리버풀은 노예무역의 거점 항구로서 번성기를 맞이한다. 그렇게 밀수를 위한 수족이었던 해적은 서서히 짐이 되어 갔다.

영국의 국가 권력과 해적과의 밀월 관계, 양쪽의 상호의존관계는 점차 막을 내렸고 해적은 범죄자라는 꼬리표를 떼지 못했다. 영국 국왕, 귀족, 투자가의 의사와는 무관하게 해적들이 계속해서 노략질을 일삼고 다니자 영국은 1721년 국익을 해하는 해적을 처벌하기 위해 해적 단속법을 만들었다.

그로부터 40년 후, 산업혁명이 본격적으로 시동을 걸면서 미증유의 호경기가 영국에 찾아와 대영제국은 여명기와 전성기를 맞이한다. 이는 엘리자베스 1세가 다스렸던 1558년부터 산업혁명 시대에 이르기까지의 200년간, 해적을 국가 발전에 쓸모 있는 수단으로 온존해 온 역사가 있었기에 가능한 발전이었다.

제3장

향신료 쟁탈전

세계 무역과 상업 회사의 탄생

프랜시스 월싱엄. 여왕의 '눈과 귀'
로서 영국 스파이 조직의 원형을
만듦.

1. 무역관리와 독점 구조

제3의 자금원

월트 디즈니 픽처스의 영화 캐리비안의 해적(Pirates of the Caribbean) 시리즈의 3편에는 동인도 회사를 모델로 한 '동인도 무역회사'라는 가공의 무역 회사가 등장한다. 영화는 무역 회사 소유의 해군 범선이 범죄자인 '캐리비안의 해적(카리브 해의 해적)'을 추적해 체포한다는 내용이지만, 사실 실재했던 동인도 회사의 설립을 엘리자베스 여왕에게 제안하고 회사 설립에 필요한 출자금을 모은 이들은 해적이었다.

엘리자베스 1세는 돈을 버는 일이라면 물불을 가리지 않았다. 왕실의 재정을 윤택하게 하고 영국을 부자 나라로 성장시키려면 두둑

한 자금이 꼭 필요했다. 그때 가장 큰 첫 번째 자금원은 해적이 빼앗아 온 약탈품을 되파는 일(제1장)이었고, 거물 해적의 활약과 맞먹을 정도로 큰 두 번째 자금원은 흑인 노예의 밀수(제5장)였다.

둘 다 명백한 범죄 행위이고 이들 대형 범죄의 흑막에는 엘리자베스 여왕이 있었다.

세 번째 자금원은 새로운 비즈니스 모델을 도입한 무역 회사와 해외 무역이었다. 대영제국의 경제적 기반을 다진 동인도 회사는 그 대표적 예로, 엘리자베스 여왕으로부터 특별 인가를 받아 탄생한 회사이다. 관세 수입을 제외하면 무역 회사가 유일하게 범죄에 해당하지 않는 자금 조달 방법이었다. 그러나 엘리자베스 여왕에게 무역 회사는 우선순위가 낮았고 마지막까지 큰 관심을 받지 못했다. 무역 회사가 큰돈을 가져다줄 것이라는 확신이 없었고 수익을 내기까지 오랜 시간이 걸린 탓이다. 당시 범선을 꾸려 만든 무역선단을 동인도로 보내면 적어도 왕복하는 데 2년 이상이 걸렸고, 원양 항해의 위험성도 높아서 전망이 밝지 않았다.

엘리자베스 여왕의 정책 고문이자 점성술사인 존 디는 16세기 말 '영제국'(英帝國)이라는 조어로 국가 비전을 구상하여 해외에서 활동하는 무역 회사 설립을 장려했다. 존 디에게 감명 받은 성직자이자 지리학자인 리처드 해클루트는 1589년 〈영국인의 주요 항해, 선단 및 발견〉을 출간해 영국인의 항해에 대한 열정을 고양하는 데 공헌했다. 해외 무역에 별 관심이 없는 여왕을 계속해서 설득하고 가난한 영국이 부자 나라가 되는 길은 해외 무역을 발전시키는 데 있다고 강조한 사람은 다름 아닌 이 책의 주인공인 해적들이었다.

모험 상인

여왕에게 해외 정보를 제공하고 여왕 측근들을 설득하여 해외 무역을 강화하고 무역 회사를 설립해야 한다고 강력히 주장한 사람은 '모험 상인'이라 불리는 무역 상인들이었다. 이들은 높은 위험을 감수하고 원양 항해에 나서는 무역상인의 총칭이지만 단순한 무역 상인을 가리키는 말은 아니다. 왜냐하면 그들은 해적이라는 또 다른 얼굴을 가진 상인이기 때문이다. 해적과 무역상인, 성질이 전혀 다른 두 가지 일을 겸업하는 사람들이 '모험 상인'의 정체다.

모험 상인은 일반 상인과 달리 바다 위에서 스페인이나 포르투갈 선박을 만나면 망설이지 않고 약탈했다. 이런 의미에서 모험 상인과 해적은 한 몸이었다. 다만 거의 모든 모험 상인은 해적이었으나 모든 해적이 모험 상인은 아니기에 둘을 동의어로 묶을 수는 없다. 뭉뚱그려 해적이라고 말해도 완전히 똑같지는 않다.

해적 가운데에는 상류 계층의 사교계에 드나드는 부유층도 있었고, 런던 뒷골목이나 플리머스항 등에서 하루 벌어 하루 사는 하류 계층의 노동자도 있었다. 동인도 회사나 레반트 회사 설립에 분주한 사람은 상류 계층에 속한 모험 상인으로, 항해 도중 스페인이나 포르투갈 선박을 만나면 상황에 따라 해적으로 변신하는 식이었다.

이렇게 해적과 한 몸이 된 모험 상인이 자금을 끌어오고 투자가의 '연합체'를 통해 만든 무역선단이 해외 무역에 진출하면서 이들 연합체는 '모험 상인 회사'(Company of Merchant Adventurers)라고 불렸다. 역사를 거슬러 올라가 보면 최초의 모험 상인 회사가 탄생한 때는 국왕 헨리 4세가 다스리던 1407년이나 연합체 방식의 회사가 처음 등장한 때는 16세기로, 그 발전된 양상이 바로 동인도 회사나 레반트 회사다. 개인 단위의 모험 상인을 표현할 때는 영어 소문자로 'merchant adventurer'라고 적지만 모험 상인의 투자가 모임을 연합체 조직으로 분류할 때는 머리글자를 대문자로 하여 'Merchant Adventurers' 혹은 'Company of Merchant Adventurers'라고 적는다. 소문자와 대문자밖에 차이가 없으나 전자는 개인 단위이고 후자는 회사나 연합체 단위를 나타낸다.

연합체 방식은 여왕이 스스로 제안하고 채택한 비즈니스 모델이 아니다. 원래는 존 호킨스 등의 거물 해적들이 대서양이나 카리브 해에서 해적선단을 만들 때 일제히 채택한 해적의 비즈니스 모델이다. 동인도 회사는 해적의 비즈니스 모델을 기업 경영에 도입했다.

연합체는 특정 해역에서의 무역 독점권을 인가받고자 여왕의 고문 기관인 추밀원(Privy Council)을 통해 여왕에게 탄원했는데, 그 과정에서 추밀원 멤버 등 여왕의 측근을 반드시 거쳐야 했다. 연합체는 여왕으로부터 특별 허가장을 내려 받으면서 비로소 탄생했고, 동인도에서 무역하는 조직의 통칭은 동인도 회사가 되었다. 따라서 '동인도 회사'라는 이름은 통칭일 뿐, 정식 명칭은 '동인도와 무역하는 런던 상인들의 대표와 조직'이다. 그리고 대표로서 동인도 회사에 군림했던 인물은 동인도 회사 초대 회장인 토마스 스미스로, 여러 무역 회사를 경영한 거물 해적이자 해외 무역의 총괄자로 이름이 알려진 자산가다. 모험 상인과 해적의 '두 얼굴'을 가진 유력자들은 동인도 회사를 설립하기 위해 런던 중심부의 '시티 오브 런던'에서 열심히 기반을 다졌다. '시티 오브 런던'은 현재 글로벌 경제를 움직이는 금융 중심권으로 우리에게 익숙하지만 원래는 모험 상인과 거물 해적의 유명 집합소였다.

모험 상인의 제안

동인도 회사 설립을 위한 움직임은 네덜란드에서 동인도 무역을 향한 열기가 뜨거워진 1599년부터 급속도로 구체화했다. 같은 해 9월 22일, 런던에서 모험 상인 및 출자자 101명이 연합체를 발족하면서 엘리자베스 1세에게 보낼 동인도 회사 설립을 위한 탄원서를 작성했다. 총액 3만 133파운드의 출자금을 마련해 동인도 지역에서의 무역 독점권을 여왕에게 요청했다. 출자금은 당시 국가 예산의 15%에 달하는 금액이다. 동인도 회사의 발기인은 9월 24일, 런던 시내에서 설립 총회를 열고 여왕의 고문 기관인 추밀원을 통해 동인도 회사 설립에 관한 탄원서를 여왕에게 제출했다.

당시 엘리자베스 여왕은 교전 중인 스페인과 평화 교섭을 진행하고 있던 터라 스페인과의 관계가 진정되고 난 후에 동인도 회사를 설립하는 편이 바람직하다고 판단하면서 회사 설립은 얼마간 연기되었다. 그러나 스페인과의 평화 교섭이 진전을 보이지 않자 발기인들은 다시 1600년 9월에 동인도 회사 설립 인가를 여왕에게 강하게 요구했고 회사 설립을 향한 열망은 점차 고조되었다.

1600년 12월 31일, 마침내 엘리자베스 여왕은 발기인들에게 '특허장'(Charter)을 내주며 동인도 회사 설립을 인가한다. 여왕이 특정 무역 회사를 지명하여 대상국·지역 및 무역 독점 기간을 지정한 특허장을 내어 준 회사는 국왕의 특허장을 받았다는 의미에서 '특허 회사'(Chartered Company)라고 불렸다. 실질적으로는 여왕과 무역 회사 간의 계약(Contract)이다. 앞서 말한 것처럼 동인도 회사의 특허장은 '동인도와 무역하는 런던 상인들의 대표와 조직'에 주어졌다. 동인도 무역에 특화된 무역 상인의 '조직'이 곧 '동인도 회사'인 셈이다. 예를 들면 동인도 회사는 특허장 덕분에 동인도 무역을 15년에 걸쳐 독점했고 이 외의 무역 회사는 동인도에서의 무역이 금지되었다. 영국은 자유 무역을 주창한 근대 국가의 이미지가 강하나 엘리자베스 여왕 시대에는 국가가 해외 무역 전체를 관리하고 특정 모험 상인에게만 해외 무역을 인가함으로써 여왕과 국가에 부가 집중되는 시스템을 구축한 내막이 있다.

여왕이 동인도 회사에 특허장을 내린 직후, 출자자의 수는 200명을 넘었고 출자금의 총액도 배로 늘어 6만 8373파운드로 뛰어올랐다(출자자 수는 215명이라는 설과 218명이라는 설이 있다). 국가 예산의 약 30%에 상당하는 거금이었다. 영국보다 2년 늦은 1602년 3월에 발족한 '네덜란드 동인도 회사'(VOC)의 출자 규모는 영국의 약 12배에 이르렀다. 17세기 무역 강국을 향한 네덜란드의 야망이 얼마나 대단했는지를 실감할 수 있다. 당시 영국은 여전히 가난해서 중장기적 차원에서 무역 회사를 설립하고 유지하기에는 자금이 넉넉하지 못했다.

동인도의 지리적 범위

동인도 회사라는 이름에서 상상해 보면 번듯한 본사 건물을 갖춘 주식회사가 떠오르겠지만 초기 동인도 회사는 본사 건물이 없었다. 명목상 본사는 토마스 스미스 초대 회장의 자택이었다. 몇몇 서적에서는 동인도 회사를 인도 지배를 위한 국가적 장치라고 설명하는데 원래 동인도 회사는 순수하게 '돈을 벌기 위해' 세워진 민간 조직이다. 해군력을 행사하여 해외 영토를 침범하는 '전략 마인드'와는 상관이 없었다. 또한 영국 정부의 대리인으로서 외교권, 행정권, 사법권, 경찰권 등 각종 권력을 대행한다는 발상도 없었다. 어디까지나 향신료 무역을 통해 부자나 자산가가 되는 꿈이 동인도 회사 설립 원래 목적이라는 점을 기억해두자.

　그러한 동인도 회사가 국가를 대신해 외교권과 경찰권 등을 행사한 것은 해양 패권을 둘러싸고 벌인 네덜란드와의 전쟁(17세기에 발발한 제1차~제3차 영국 · 네덜란드 전쟁)이 막을 내린 18세기의 일이다. 18세기가 되어서야 영국은 네덜란드를 앞지르고 세계 무역의 강자 자리에 올랐다.

　동인도란 아프리카 대륙 남단의 희망봉에서부터 동쪽으로 돌아 남아메리카 대륙의 마젤란 해협까지 이르는 광대한 지역을 가리키는 말로, 인도양과 태평양을 포함한다. 인도양과 태평양을 가로지르는 아시아 광역권을 당시 유럽에서는 동인도라고 불렀다(지도 140쪽). 인도양, 홍해, 페르시아 만, 벵골 만, 버마해, 동남아시아 해역, 남중국해, 동중국해, 태평양. 이 광범위한 동인도에서 이루어지는 직접 무역을 여왕은 동인도 회사 한 곳에 맡겼다.

　사실 동인도 무역에는 동인도 회사 외에도 레반트 회사나 모스크바 회사 등 다양한 무역 회사가 관여하고 있었다. 그러나 향신료 무역만은 모두 포르투갈인, 베네치아인, 러시아인, 페르시아인 등의 상인이 중개하는 간접 무역의 형태를 띠고 있었다. 이러한 배경에서 동인도 회사는 영국이 동인도와의 직접 무역 진출에 성공한 영국 사상 최초의 사례다.

　다만 영국은 표면적으로 그리스도교 국가의 왕이 소유하는 영토에서는 무역을 허가하지 않았기에 인가를 받았다 하더라도 어디서나 제약 없이 무역할 수 있는 것은 아니었다. 당시 전 세계를 지배했던 대국 스페인이나 포르투갈에 속한 영토와의 무역은 금지하는 등 영국은 양국에 형식적으로나마 배려를 했다. 앞에서는 스페인이나 포르투갈과의 마찰을 피하고 우호 관계를 연출하는 것이 여왕의 기본 태도였다. 만일에 '여왕 폐하의 해적'들이 스페인이나 포르투갈 선박을 습격한다 해도 영국은 그 사실을 절대 인정하지 않은 채 양국과는 우호 관계임을 줄곧 주장하는 것과 같은 수법이다.

　동인도 회사가 처음 여왕으로부터 15년간의 무역 독점권을 인가받은 때를 보면 알 수 있듯 무역 독점 기간은 한정되어 있었다. 특허장의 유효 기간이 끝나면 새로운 특허장을 발급받아야 해서 그때마다 런던에서는 왕실을 둘러싼 이권 쟁탈전이 펼쳐졌다. 1858년에 동인도 회사의 해산이 결정되고(인도 통치 개선법에 따라 영국 정부가 인도를 직접 관리함) 1873년에 특허장이 효력을 잃고 해산되기까지, 계약 갱신을 두고 벌이는 영국 국내의 치열한 이권 경쟁은 끊이지 않았다.

무역선단을 편성

　연합체인 동인도 회사는 출자금으로 여러 척의 범선을 조달했고 원양 항해에 나설 무역선단(Voyage)을 편성했다. Voyage는 보통 '항해'로 번역되지만 무역선단이라는 의미도 있다. 무역선단 편성에는 선원을 모집하거나 식료품·의복을 조달하는 일도 포함되었다. 범선을 조달하는 방법에는 여러 가지가 있는데, 가장 간단하고 효율적인 방법은 대서양을 지나가는 스페인이나 포르투갈의 선박을 약탈하는 일이었다. 그다음으로는 영국 내에서 중고 선박을 사거나 빌리는 방법이 있다. 이 방법을 모두 쓸 수 없을 정도로 상황이 여의치 않을 때만 어쩔 수 없이 배를 새로 만들었다.

무역선단은 향신료 구매 대금으로 '은'을 사용했다. 은은 당시 세계 통용 화폐로, 은을 많이 보유할수록 향신료 무역에서 유리했다. 무역선단은 향신료 구매 대금인 은괴를 가득 실은 채 제1차 항해에 나섰으며, 그 가운데 1만 파운드 상당은 여왕이 출자했다는 기록이 남아 있다. 여왕이 제공한 은괴의 출처는 스페인 선박일 가능성이 크다.

동인도 회사는 무역선단을 파견할 때마다 출자자를 모았고 무역선단이 귀항할 때마다 매번 보상을 정산했다. 무역선단이 해산할 때에는 선원의 임금, 식료나 비품 구매비, 범선 조달비, 범선 수리비 등의 필요 경비를 모두 뺀 다음, 향신료 무역 등을 통해 번 이익을 출자비율에 맞게 출자자별로 나누었다. 동인도에서 구매한 비싼 향신료나 포르투갈 선박에서 빼앗아 온 약탈품은 런던이나 벨기에 안트베르펜 시장에서 신속하게 팔았고 그렇게 마련한 현금을 출자자들에게 배당했다. 이러한 정산 업무에는 반년에서 1년 정도의 시간적 여유가 필요했다. 동인도 회사가 근대적 주식회사로 성장하고 영국이 장기적인 안목으로 동인도 무역에 착수하기까지 시간은 흘러 어느새 17세기 후반이 되었다.

집행 임원은 '7인의 해적'

거물 해적과 동인도 회사의 관계를 좀 더 명확하게 알려면 집행 임원들의 면면을 들여다봐야 한다. 집행 임원을 조사해 보니 아니나 다를까, 모두 해적이었다. 리처드 스테이퍼, 폴 베이닝, 토마스 코델, 제임스 랭커스터, 토마스 앨러배스터, 로저 하우, 리처드 위치, 이 '7인의 해적' 가운데 리처드 스테이퍼를 제외한 집행 임원 6명은 모두 '여왕 폐하의 해적'임과 동시에 모험 상인으로 활약한 현역 해적이었다.

그중 폴 베이닝은 무역선·해적선으로 애용하던 '수잔 호'을 동인도 회사에 제공하는 등 집행 임원 안에서도 두드러지는 인물이었다. 베이닝은 무역선을 스페인이나 포르투갈에 파견했고 더욱이 레반트 지역(지중해 동부)에서 활발히 무역을 전개한 모험 상인이면서, 대서양에서 스페인이나 포르투갈 선박을 만나면 고가의 화물을 약탈하는 해적의 면모를 보였다고 한다.

동인도 회사의 회장직은 레반트 회사의 토마스 스미스 회장이 겸

임했고, 최고 고문직에는 같은 레반트 회사의 유력자 존 와츠가 취임했다. 와츠는 여왕 폐하를 섬기는 해적 가운데에서도 '왕자'라고 불리며 특별한 대우를 받았고 나중에 런던 시장에까지 올랐다. 레반트 회사의 유력자 2인을 뒷배로 둔 해적들은 순조롭게 동인도 회사를 설립했다. 스미스나 와츠처럼 거액의 자금을 확보해 입지와 명예까지 손에 넣은 거물 해적은 권력과 하나 되면서 권력 그 자체로 변화해 나갔다.

동인도 회사의 주력은 해적선

동인도 회사가 무역선단을 꾸릴 때에는 원양 항해에 버틸 수 있는 튼튼한 범선을 조달하고 경험이 풍부한 선장과 항해사를 모집하는 일이 무엇보다 중요하다. 그러한 의미에서 제1선단의 범선과 선장, 항해사의 정체를 샅샅이 파헤쳐본다면 '여왕 폐하의 해적'과 동인도 회사의 관계를 더 자세히 알 수 있다.

동인도 회사의 제1선단에 동원된 범선은 총 5척이나 그 가운데 한 척은 식료품을 운반하는 소형 선박이라 주력 부대는 전부 다 해서 4척이다. 많은 문헌에 제1선단의 범선은 4척이라고 쓰여 있는데 이는 식료품 운반용 소형 선박을 제외해서 그렇다.

해적 랭커스터가 지휘한 제1선단에는 500명의 선원이 탔고 1601년 2월에 런던을 출항하여 1603년 9월에 귀국했다. 집행 임원이 계획한 대로 제1선단은 약 2년 반의 원양 항해를 마치고 런던으로 돌아왔다. 주력 범선 4척 모두 기적적으로 무사히 귀항했고 심지어 동남아시아에서 대량의 향신료를 가지고 왔고 말루쿠 제도에서 포르투갈 선박을 습격해 얻어 낸 귀중품을 가득 싣고 돌아온 개선 선단이었다. 예상을 크게 뛰어넘은 제1선단의 활약 덕분에 동인도 회사에 대한 신뢰도는 급상승했다.

문헌 조사를 통해 힘들게 발견한 5척의 이름은 다음과 같다. 기함 '레드 드래곤 호'(600톤), '헥토르 호'(300톤), '어센션 호'(260톤), '수잔 호'(240톤), 그리고 소형 선박인 '기프트 호'(120톤)이다. 5척을 모두 합치면 총 1천 520톤 밖에 안 된다. 각 선박의 이름에 일관성이 없는 사실을 통해 이름은 동인도 회사가 붙인 것이 아니라, 해적선의 선주들이 마음대로 지은 것으로 추정된다.

선박의 소유주를 찾아보니 '레드 드래곤'은 컴벌랜드 백작이 제공했고 예전 이름은 '말리스 스커지(원망 서린 천벌, 악의에 찬 채찍질)'였다고 한다. 컴벌랜드 백작도 사실 출신은 해적이다. 헥토르, 어센션, 수잔은 모두 레반트 회사 소속 무역선으로 폴 베이닝, 윌리엄 가웨이 등의 거물 해적의 소유였다. 다시 말해 겉보기에 무역선단인 제1선단의 속살은 해적선인 것이다.

다음으로는 해적선 5척으로 구성된 제1선단의 키를 과연 누가 잡을 것인가 하는 문제가 떠올랐다. 500명의 선원을 능숙하게 다루고 원양 항해를 반드시 성공으로 이끌어야 했기 때문에 지중해나 대서양, 그리고 카리브 해 등에서 원양 항해 경험이 풍부한 선장과 항해사를 영국 방방곡곡에서 그러모아야 했다. 동인도는 미지의 세계라 선장과 항해사의 인사가 곧 항해 안전과 목적 달성의 열쇠라는 것에 제1선단을 바다로 내보내는 집행 임원 모두가 동의했다. 하지만 선장을 고용하기 위해 신문에 광고를 내거나 포스터를 만드는 식으로 우수한 선장을 모집하지는 못했다. 결국 선장과 항해사를 찾고 무역선을 조달하는 일은 모두 동인도 회사 간부의 인맥으로 처리하는 수밖에 없었다.

선원 명부를 점검해보니 선장과 항해사 역시 해적이었다. 제임스 랭커스터, 존 미들턴, 윌리엄 브로드벤트, 헨리 네이퍼, 로저 핸킨 등의 이름이 등장했다. 이들은 선장이나 항해사로 고용된 제1선단의 최고 간부들이었고 현역 해적이었다. 지중해 무역이나 대서양 해적질의 베테랑이며 원양 항해의 경험도 충분한 정예부대인 셈이다.

열쇠를 쥔 사람은 다국적 수로(水路) 안내인

세계사에 이름을 남긴 프랜시스 드레이크는 지구를 서쪽으로 돌아 세계 일주 항해에 성공해 영국에는 동인도 항로를 개척해준 실적이 크다. 그러나 드레이크의 세계 일주는 기적에 가까운 위업이었다. 드레이크 이후 모험 상인들이 몇 번이나 그의 항로를 좇아 항해에 나섰으나 동인도에도 도착하지 못하는 것이 현실이었다. 많은 모험 상인이 타고 있던 범선이 좌초되거나 폭풍우를 만나 배가 파괴되어 고향에 살아 돌아가지 못하는 일을 겪은 탓에 동인도 무역은 영국에게 '그림의 떡' 같은 존재였다. 이랬던 영국이 동인도 무역에 진출할 수 있었던 비결은 다름 아닌 수로(水路) 안내인에 있다.

수로 안내인은 사실 영국인, 네덜란드인, 포르투갈인 등으로 구성된 다국적 팀을 가리킨다. 경쟁 상대나 가상 적국의 전문가를 데려옴으로써 영국은 제1차 항해 선단을 무사히 파견하는 데 성공했다. 초대 회장인 토마스 스미스를 필두로 동인도 회사를 설립한 유력자들이 여왕을 상대로 자신감에 가득 차 회사 설립을 호소할 수 있었던 배경에는 이러한 수로 안내인의 존재가 있었다.

영국인 수로 안내인인 존 데이비스는 네덜란드 동인도 회사 무역에 참여한 적이 있고 그 경험을 높게 산 동인도 회사가 그를 스카우트했다. 네덜란드인 필립 그로브는 수석 데이비스를 보조하는 역할로 고용되었고 아마도 데이비스의 부름을 받고 합류한 인재일 것이다. 마지막으로 포르투갈인 피터 프랜시스 역시 그로브처럼 데이비스를 보좌하는 일을 맡았다. 이렇게 꾸려진 다국적 팀은 동인도 회사의 제1차 항해에 동원되었다. 다국적 수로 안내인의 친절한 안내 덕분에 동인도 회사의 제1선단은 희망봉을 거치고 인도양을 가로지르면서 동인도 무역 시대의 문을 열 수 있었다. 원양 항해의 경험이 풍부한 인재 채용과 동인도 항로에 관한 정보 수집이 예상보다 훨씬 중요했다는 사실을 알 수 있다.

런던을 입출항으로 지정

동인도 회사가 제1선단을 바다로 내보낸 때는 1601년 2월로, 특허장을 받은 지 두 달이 지난 시점이었다. 당시에는 원양 항해를 전제로 무역선단을 편성하기까지 적어도 6개월 이상의 시간적 여유가 필요했기 때문에 발기인들은 특허장이 내려오기 꽤 오래전부터 선박을 조달하고 조타를 맡아줄 인재를 모집해 대강의 준비를 끝마친 상태였다.

특허장이 내려올 즈음에 동인도 회사 무역선의 입출항이 런던으로 지정되었다. 해적이 관여한 무역선단은 플리머스나 포츠머스 등 유럽 대륙과 접한 항구에서 출항했지만 동인도 회사의 무역선은 엘리자베스 여왕의 명에 따라 런던 시내를 흐르는 템스 강의 선착장에서 출항해야 했다. 무역항을 런던으로 지정한 것은 관세를 런던에서 일률적으로 징수해 탈세를 막고 정부의 국고 수입을 확실하게 늘리기 위한 전략이었다.

당시는 밀수나 밀항이 횡행하여 모험 상인들 사이에서는 무역선을 일부러 런던과 멀리 떨어진 플리머스 항 등에 접안한 다음, 여왕의 눈을 피해 탈세하는 관행이 있었다. 런던에서 멀리 떨어진 브리스톨 항이나 리버풀 항은 런던에 거처를 둔 유력자의 눈이 미치지 못하는 곳으로, 이후에는 노예무역의 거점이 되어 전성기를 맞았다. 그래서 적발 가능한 탈세나 대규모 밀수를 방지하려 거액의 상품 무역이 기대되는 동인도 회사만큼은 입출항 장소를 엘리자베스 여왕의 슬하에 있는 런던 템스 강으로 지정한 까닭이다.

2. 매혹적인 향신료 무역

향신료의 매력

거물 해적들은 카리브 해와 대서양에서 스페인이나 포르투갈의 선박을 습격하고 약탈하는 범죄를 일삼으며 한편으로는 향신료 무역이라는 정당한 비즈니스에도 눈독을 들였다.

16세기에 탄생한 레반트 회사나 동인도 회사는 영국에 부를 가져다줄 상품 무역이 무엇일지를 거듭 고민하다 향신료 무역이 최고의 방법이라는 결론에 다다랐다. 아무리 멀어도, 아무리 위험해도, 고가에 희소가치가 높은 향신료를 반드시 사들였다. 거물 해적들이 향신료에 쏟아 부은 정성은 보통이 아니었다. 해적들이 이토록 향신료에 매료된 이유는 향신료가 일확천금의 꿈을 이루어줄 '보물'이었기 때문이다.

그러나 16세기에는 포르투갈이, 17세기에는 네덜란드가 세계 향신료 시장의 질서를 장악해 그사이에 영국이 낄 틈은 없었다. 베네치아인의 유통 루트를 활용한 포르투갈과 그러한 포르투갈에 도전하는 신흥 세력 네덜란드가 향신료의 매입, 유통, 판매까지 도맡아 관리하는 가운데, 영국은 어느 곳에 활로를 뚫어 향신료 무역을 개척할 것인가가 관건이었다.

향신료의 섬들

후추, 시나몬, 생강, 육두구, 정향, 메이스(육두구 열매 속 씨의 껍질), 카르다몬, 쿠민, 페퍼민트, 오레가노, 고수, 캐러웨이, 세이지 등. 이 향신료들은 프랑스 요리, 이탈리아 요리, 중국 요리 등에 빠지지 않고 들어간다. 예전에는 고급 식료품점에서나 구할 수 있었던 향신료이지만 지금은 어디서나 손쉽게 살 수 있다.

근대사를 돌아보면 향신료를 둘러싼 국가 간의 경쟁은 매우 치열했고 해군과 해적선을 동원한 향신료 쟁탈전은 끊임없이 반복되었다. 귀하고 고가인 향신료를 얼마만큼 확보하느냐가 국익을 좌지우지했다.

향신료를 확보하기 위해 16~18세기, 영국과 유럽 대륙은 무역선단을 꾸려 지구 반대편에 있는 두 개의 인도를 향해 원정을 떠났다. 첫 번째 목적지는 말 그대로 인도이고 두 번째 목적지는 '인도의 섬들(네시아)'이라는 뜻의 인도네시아이다. 인도에서는 후추와 시나몬을, 인도네시아에서는 육두구, 정향, 메이스 등을 획득했다. 인도네시아에는 크고 작은 여러 섬이 모여 있는데 육두구 같은 비싸고 귀중한 향신료는 당시 말루쿠 제도의 암본 섬, 반다 제도, 자와 섬 서부 등지에서만 입수할 수 있었다. 이에 영국과 유럽 대륙에서 출발한 무역선은 원양 항해의 위험성을 충분히 인지하고도 이 섬들을 향한 여정에 나섰다. 영국인과 유럽인은 향신료를 얻을 수 있는 나무가 무성한 말루쿠 제도와 반다 제도를 합쳐서 아주 자연스럽게 향료 제도라고 불렀다.

지금 향신료는 우리의 식생활에 빠질 수 없는 식재료이지만 16～18세기에는 부유층만이 누리는 귀중품이자 사치품이었다. 향신료는 동인도 지역에서만 나서 영국과 유럽의 부유층은 무역선이 오기만을 목 빠지게 기다렸다. 이러한 열정적인 수요층 덕분에 향신료 무역의 활로를 개척하고자 했던 무역 상인이 차례차례 등장할 수 있었다. 향신료 무역의 최전선인 인도네시아의 말루쿠 제도, 자와 섬 서부 등지에서는 포르투갈이 먼저 우위를 점한 시장에 네덜란드가 새로이 뛰어들고 거기에다 영국이 틈을 비집고 들어가는, 삼파전의 양상을 보였다.

향신료 의약품설

왜 하필이면 향신료일까? 당시 향신료는 오로지 풍미나 감칠맛을 내기 위해 쓰이는 조미료가 아니었다. 향신료의 효용에 관한 유력한 설이 두 가지 있는데, 첫 번째는 질병 치료에 쓰이는 의약품설이고 두 번째는 고기 보존설이다.

의약품설과 관련하여, 당시 영국과 유럽에서는 향신료를 질병 치료제로 받아들이며 위나 간 등의 내장 질환에 효과가 있다고 여겼다. 또한 열을 내리게 하는 효능이 있다고 믿어 고열에 시달리는 환자에게 향신료 우린 물을 마시게 했고 지사제로도 사용했다. 향긋한 향신료에는 정신을 안정시키는 효능이 있고 상처도 낫게 해준다는 등의 소문이 퍼지는 바람에 부유층에서는 만병통치약으로 통했다. 향신료가 다양한 병의 치유를 돕고 건강 회복에도 도움을 준다는 이유로 평소 먹는 음식에 향신료를 추가로 넣는 식습관이 생기면서, 향신료는 요리에도 쓰였다. 향신료가 병을 치유하는 약이자 불로장생의 묘약으로 쓰인 배경을 생각해보면 왜 부유층이 향신료를 귀하게 여겼는지, 향신료의 폭발적인 인기에 대한 궁금증을 해소할 수 있다.

가일스 밀턴은 〈향료전쟁〉(생각의 나무, 2002)에서 향신료의 효용을 다음과 같이 설명한다. "육두구, 즉 이 나무의 종자는 17세기 유럽에서는 목숨을 걸어서라도 손에 넣고 싶을 정도로 의학적 특성이 있는, 만인이 원하는 사치품이었다. 원래도 고가였으나 엘리자베스 왕조의 런던 의사들이 가벼운 재채기 증상을 보이다가 사망에 이르는 '전염성 악성 유행병'의 유일한 특효약이 '육두구'라고 말하면서 가치가 더욱 높아졌다."

16~17세기에 향신료는 부유층 사이에서 질병 치료제로 쓰이면서 폭발적인 인기를 끌었다는 사실을 알 수 있다. 게다가 향신료는 영국과 유럽에서 출발해 목숨 건 항해 끝에 가까스로 도착한 동인도, 구체적으로는 현재의 인도네시아령 말루쿠 제도의 암본 섬, 자와 섬 등지에서만 얻을 수 있는 귀중품이었다. 원정을 왕복하는 데 2년 이상이 걸리는 일도 수두룩하고 그 과정에서 난파된 선박도 미처 다 셀 수 없을 정도로 많았다. 그래서 향신료의 가치는 구하는데 들어간 정성에 비례했다. 해적들은 향신료 무역을 통해 막대한 돈을 벌었고 자본가로 변신해 영국의 해외 무역 시장을 주름잡았다.

고기 보존설

두 번째는 고기 보존설이다. 당시 영국과 유럽에서는 고기 요리가 널리 퍼져 있어서 영국에서는 목축업이 발달했다. 다만 길고 추운 겨울을 지내는데 필요한 목초의 비축량이 충분하지 못했다. 방목한 소, 돼지, 양의 수에 비해 목초의 양이 현저히 부족해 매년 혹독한 겨울이 오기 직전에 소와 양을 대량으로 처분해야만 했다.

처분한 소에게서는 가죽을, 양에게서는 양모를 얻어 제품을 만들었다. 영국에서 모직물 산업이나 가죽 산업이 번성한 이유 중 하나는 이처럼 목장에서 매해 풍부한 원재료를 얻을 수 있었기 때문이다. 그러나 처분된 대량의 소와 양의 고기를 어떻게 보존할 것인가가 난관이었다. 지금은 냉동이나 냉장 수단이 있지만 마땅한 방법이 없었던 16~17세기에는 보통 소금에 절이거나 식물성 기름에 담가 보관하는 식으로 보존했다. 훈제하는 저장 방법도 고안되어 햄이나 베이컨이 탄생할 수 있었다. 소금, 식용유와 더불어 후추 등의 향신료를 사용하는 방법은 육류 보존설의 유력한 근거다. 보존한 고기와 부패하는 고기의 잡내를 없애려고 향신료가 사용되었다는 설도 여러 문헌에 나온다.

중세 유럽인의 식습관이 어떠했는지는 브루노 로리우의 〈중세 유럽의 식생활〉을 보면 14~15세기의 전반적이고 구체적인 식생활을 알 수 있었다. 당시는 고기 요리가 널리 정착했고 귀족 사회에서는 고기 요리에 각양각색의 향신료가 사용되었으나 고기의 보존을 위해 향신료를 적극적으로 활용했다는 기록은 예상외로 거의 없었다. 심지어 향신료를 요리에 넣은 목적은 '약의 원료', '소화 촉진'으로만 나오고 '약제사는 향신료를 조금씩 나눠 담아 팔았다'라는 등 향신료를 약으로 처방했다는 사실만 확인했다. 향신료가 조미료나 보존 목적으로 대량 소비되지는 않았던 것이다.

16~17세기를 돌아보면 부유층은 보존 고기보다 신선한 고기를

먹었을 가능성이 크다. 반대로 보존 고기와 상한 고기를 먹는 사람은 주로 서민이라는 점을 고려하면 향신료를 대량 구매한 목적이 고기 보존일 리가 없다. 부유층이 고기 보존에 향신료를 사용했다는 자료도 있으나 결코 주목적은 아니었을 테다. 이러한 브루노 로리우의 의견에 동의하는 인물이 있다.

프랑스 아날학파 역사가 장 루이 플랑드랭이다. 그는 자신의 공편(共編)〈식(食)의 역사〉제2권 제28장에서 "향신료는 고기의 보존 또는 잘못 보존한 고기의 열악한 맛을 감추기 위해 사용하였다는 설"은 "절대 인정할 수 없다"라고 딱 잘라 말했다. "고기와 생선의 보존제는 기본적으로 소금, 식초, 식물성 기름이지 향신료가 아니다."라고 단언하며 고기 보존설은 실체 없는 낭설이라고 비판했다.

결국, 향신료는 병과 상처의 치료에 주로 쓰였고 생명과 관련 있는 상품이라서 비싸게 팔렸다는 결론이 타당하다. 고위험 고수익을 추구한 해적들의 향신료 무역은 돈을 물 쓰듯 쓰는 부유층의 왕성한 수요 덕분에 성립할 수 있었다.

향료와 향신료

대강 하나로 묶어 향신료라고 적었지만 실은 종류가 다양하다. 향신료(스파이스Spice)는 향료의 일종이고, 향료에는 그 외에 인센스

(Incense)나 코스메틱(Cosmetic)도 있다. 향료를 간단히 분류하고 용어를 정리하려고 한다. 야마다 겐타로의 〈향료의 역사〉는 향료를 다음과 같이 세 가지로 분류하고 있다.

(1)인센스(분향에 쓰이는 향료), 향내를 맡기 위해 사용하는 향료로 '불을 붙여 태워 연기에서 나는 그윽한 향을 즐겼다'. 대표적으로는 백단향(인도나 동남아시아가 원산지인 상록수. 영어로는 샌달우드), 침향(열대 지방에서 자라는 향나무 속에 수지가 굳어져 만들어진 향), 사향(수컷 사향노루의 사향 샘에서 나오는 분비물을 건조하며 만드는 향)이 있다.

(2)코스메틱(화장에 쓰이는 향료), 흔히 말하는 화장품으로, '향료를 유지(油脂)와 섞은 다음 향기를 추출해 향유 혹은 고체 향수로 만들어 몸의 각 부분에 바르기' 위해 사용한다. 대표적으로 장미, 재스민, 백단향 등이 있다.

(3)스파이스(향신료), 음식에 넣는 향료를 뜻하는 말로 먹으면 맛이 나거나 자극을 준다. '향과 약효가 뒤따르는 것으로 음식에 풍미를 더하기 위해' 사용한다. 대표적으로는 후추, 시나몬, 육두구, 정향, 메이스, 카르다몬 등이 있다.

영국을 비롯한 유럽 국가들은 향료 중에서도 향신료를 구하려고 무역선단을 동인도로 파견했다. 향신료를 들여오기 위해 영국은 향신료 무역에 주력하는 동인도 회사를 설립했고 네덜란드도 마찬가지로 동인도 회사를 창립하며 향신료 시장에 뛰어들었다.

포르투갈의 무역 독점

영국과 네덜란드가 동인도 회사를 설립하고 향신료 무역에 착수한 지 약 100년도 전부터 유럽 대륙에는 일찍이 향신료 무역에 진출했던 나라가 있었다. 바로 마누엘 1세를 국왕으로 섬긴 포르투갈이다. 마누엘 1세는 인도에서 향신료를 사들이기 위해 모든 열성을 쏟아 부었고 심지어 유럽 밖 나라에 로마 가톨릭을 전파한다는 대의명분을 내세워 1497년에 바스쿠 다 가마를 주축으로 하는 소규모 무역 선단을 파견했다.

이듬해 1498년에 바스쿠 다 가마는 인도 항로 개척에 성공한다. 이를 시작으로 포르투갈은 다수의 무역선단을 보내어 인도, 동남아시아, 중국, 일본에 이르기까지 거래 범위를 넓히고 무역 네트워크를 확장해갔다. 당시 이미 중국에서는 대량의 향신료가 의약품으로 소비되었고 그를 눈여겨본 포르투갈은 의약품으로 향신료를 대거 사들여 유럽 대륙에서 판매하는 사업을 고안해냈다. 이렇게 해서 향신료는 16세기 유럽 대륙에 소개되고 귀족과 부유층의 수요 돌풍을 일으키는 데 성공했다.

근대 의학이 발달하기 이전의 유럽 대륙에서 향신료는 질환이나 상처를 치료하고 장수하는데 꼭 필요한 신통한 묘약으로 여겨져 선풍적인 인기를 끌었다. 향신료 무역을 독점하던 포르투갈은 동인도 지역에 무역 거점을 차례로 정비하고 거대한 향신료 무역 네트워크를 구축했다.

포르투갈은 유럽 대륙에서 향신료를 판매하면서 베네치아 상인들과 손을 잡고 로마 가톨릭계 무역 상인에게 무역 중개 일을 주어 향신료 무역의 유통·판매망을 구축했다. 이 시스템은 오랜 시간에 걸쳐 구축되어 제삼자가 간단히 진입할 수 없었다. 수많은 중개인을 두고 향신료의 소매가격을 천정부지로 치솟게 하는 것이 그들의 교묘한 전략이었다.

한편 개신교계 무역 상인은 포르투갈의 향신료 유통·판매망에 낄 수 없었다. 따라서 개신교계인 영국과 네덜란드는 로마 가톨릭계 무역 상인이 거느리는 향신료 유통망에 들어갈 수 없었고 소매로 유통되어 비싼 향신료를 사는 수밖에 달리 방법이 없었다. 향신료는 영국과 네덜란드의 부유층도 간절히 원하는 의약품이라 어떻게 하면 향신료를 저렴하게 많이 구할 수 있을지 방법을 찾는 것이 그들의 과제였다.

스페인과 포르투갈이 세계 무역 시장에서 압도적인 영향력을 행사하는 가운데, 그 영향력이 비교적 작았던 동인도로 영국과 인도는 눈을 돌렸다. 동인도를 거점으로 하는 향신료 무역을 하루라도 빨리 확장할 필요성을 뼈저리게 느낀 이들은 무역선단 편성에 적극적으로 나섰다. 다만 네덜란드가 영국보다 한 단계, 두 단계 앞질러 먼저 17세기의 향신료 무역을 장악한 사실에서 양국의 해외 무역에 대한 온도 차가 여실히 드러난다. 영국은 어디까지나 '여왕 폐하의 해적' 중심의 해적질을 국가 정책의 기둥으로 삼은 데 비해 네덜란드는 무역을 통해 국가 번영을 이룩했다. 양국의 국가 정책에는 하늘과 땅만큼의 차이가 있었다.

방아쇠를 당긴 신흥국 네덜란드

포르투갈이 거의 독점하고 있던 향신료 무역에 신흥 강자로 새롭게 등장한 네덜란드는 사실 영국뿐 아니라 유럽 대륙 전체에 커다란 충격을 주었다. 지금껏 공개되지 않았던 포르투갈의 동인도 무역 항로 지도가 극비로 네덜란드에 유출되었기 때문이다. 어느 시대라도 극비 정보는 국가의 운명을 좌우한다.

1595년 4월, 네덜란드는 4척으로 구성된 무역선단을 암스테르담 항~아프리카 남단의 희망봉~인도네시아 자와 섬의 항구 도시 반텐에 도착하는 루트로 파견했다. 왕복 2년 4개월이나 걸리는 원양 항해가 한창일 때 선원 240명 중 153명이 열병과 괴혈병으로 목숨을 잃으면서 무사히 살아 돌아온 사람은 87명에 불과했다. 얼마나 가혹한 여정이었을지 짐작이 간다. 비록 배 한 척은 포기했으나 1597년 8월 나머지 3척은 제대로 끌고 돌아온 덕분에 네덜란드는 큰 인적 희생은 치렀으나 향신료 무역의 포문을 여는 데 성공했다.

1595년에 제1차 무역선단을 파견한 이후 네덜란드는 빈번하게 선단을 꾸려 동인도로 보냈고, 1599년 7월에 귀국한 무역선단(야코프 네크 지휘)이 향신료 무역을 통해 약 400%의 이익률을 달성하며 동인도 무역은 국민적인 지지를 받게 되었다. 16세기의 100년간을 거의 포르투갈 한 나라가 독점하고 있던 동인도 무역에 네덜란드가 본격적으로 진출한 사건이 영국의 모험 상인에게 자극을 주었고, 더욱이 영국 동인도 회사 설립의 기운을 북돋아 주었다.

3. 동인도와 무역 회사

한 회사가 무역을 독점

엘리자베스 여왕이 '특허장'을 내린 무역 회사 가운데에는 동인도 회사가 가장 유명하지만 사실 그 외에도 인가를 받은 무역 회사가 많았다는 사실은 잘 알려지지 않았다. 레반트 회사, 모스크바 회사, 터키 회사, 베네치아 회사, 스페인 회사, 안달루시아 회사, 버지니아 회사, 버뮤다 회사, 뉴잉글랜드 회사, 뉴펀들랜드 회사, 북서 항로 회사, 프로비던스 회사 등 회사는 다양했다. 이름에 붙은 지명을 보면 알다시피 이들 회사는 지중해에서 대서양 더욱이 북미 대륙에까지 진출해 지정된 지역에서 이루어지는 무역을 허가받았다. 그러나 이 가운데 동인도 회사 급의 업적을 남긴 곳은 레반트 회사가 거의 유일하다.

우후죽순으로 생긴 무역 회사들은 수명이 짧았다. 극히 소수의 자산가가 몇몇 무역 회사에만 출자했고 상업상의 적기를 기다리는 경우가 많아, 무역 회사들은 서로 경쟁할 수밖에 없었다. 여왕과 모험 상인은 약육강식을 원칙 삼아 자신들 말고도 결과적으로 영국에 최대의 이익을 가져다줄 만한 방식으로 일을 꾸렸다.

이익을 내지 못하는 무역 회사는 해산한다는 것은 부를 추구하는 과정에서 영국이 세운 대원칙이다. 이때 눈에 띄는 업적을 달성한 곳이 레반트 회사였고 레반트 회사를 모체로 한 동인도 회사가 별개 조직으로 탄생했다. 최종적으로 본가인 레반트 회사가 분가인 동인도 회사에 흡수되면서 동인도 무역은 하나의 회사를 통해서만 이루어졌다.

레반트 회사 - 무역 회사의 출발점

동인도 회사의 원류이자 동인도 무역에 진출했던 두 개의 무역 회사인 레반트 회사와 모스크바 회사에 대해 알아보자. 회사의 경영진은 당연히 모험 상인이라고 불린 해적들이었다.

레반트 회사(1592년 설립)는 무역을 독점할 권리를 수여하는 특허장을 엘리자베스 여왕으로부터 받은 '특허 회사'로, 레반트 지역(지중해 동부)의 무역을 독점했다. 모체는 오스만 제국에게서 무역 특권을 획득한 터키 회사(1581년)이고, 1583년 향신료 무역에서 영업 성적을 올린 베네치아 회사와 기업 합병되는 등의 과정을 거쳐 레반트 회사가 되었다. 레반트 회사는 지중해 무역의 거점을 오스만 제국의 수도인 이스탄불(옛 이름 콘스탄티노폴리스)에 두었다. 이후 동인도 회사가 성장함에 따라 향신료 무역의 최전선에서 밀려났으며 소규모 무역을 계속 이어가다 결국 1825년에 문을 닫았다.

모스크바 회사(1555년 설립)는 메리 1세 시대에 러시아 지역의 무역을 독점하려고 출범한 무역 회사이다. 모스크바 회사는 러시아와의 해상 무역을 독점하면서 페르시아나 인도로 통하는 지상 무역으로도 영역을 확장해, 인도산(産) 후추나 인도네시아산 향신료 등의 고가 상품을 취급하여 영업 성적을 올리는 전략을 취했다. 레반트 회사가 베네치아 상인의 무역 네트워크를 활용하면서 동일 상품 무역에도 관여했기에 양 회사 간의 경쟁은 치열할 수밖에 없었다.

그러나 러시아에서 육로로 남하해 페르시아를 거쳐 이루어지던 모스크바 회사의 동인도 무역은 순조롭지 못했고 더욱이 본업인 러시아 무역에서도 성과를 내지 못하면서 1698년에 무역 독점권을 잃고 만다. 즉 왕실은 모스크바 회사를 돈이 되지 않는 무역 회사라고 판단한 것이다. 한편 레반트 회사는 지중해 동부에서 들여온 와인, 올리브 오일, 건포도, 비단, 터키 융단, 아랍의 말 등을 취급하며 수익을 올렸고 더구나 페르시아 만(灣)을 경유하는 향신료 무역을 새롭게 개척하며 자연스럽게 유력 무역 회사로 성장해갔다. 이러한 동인도와의 성공적인 무역에 흡족한 출자자가 더 큰 이윤을 얻고자 세운 것이 바로 동인도 회사이다.

 여기에서 지리적 명칭에 관해 한 가지 주의할 점이 있다. 레반트 (Levant)와 레판토(Lepanto)는 전혀 다른 장소인데도 두 지역을 혼동하는 책이 종종 있다. 전자의 레반트는 지중해 동부를 가리키고, 거점 도시는 레바논 북부의 항만 도시인 트리폴리, 지중해와 유프라테스 강 유역 사이에 자리한 시리아의 내륙 도시 알레포 등이다. 후자인 레판토는 스페인과 로마 가톨릭 동맹을 맺은 국가가 오스만 제국과 맞붙은 '레판토 해전(1571년)'에 등장하는 그리스의 항구 도시로, 이 해전에서 이기면서 스페인은 지중해 패권을 장악하게 되었다. 분명 두 지역이 지중해 연안 지역과 항구 도시에 있지만 전혀 다르다.

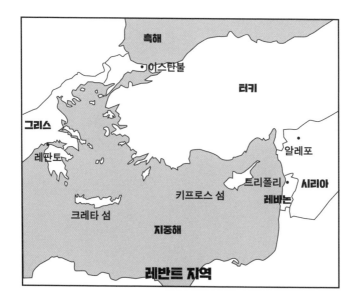

동인도 회사와 레반트 회사

레반트 회사가 베네치아 상인과 손을 잡고 동인도 무역에 선봉으로 나섰음에도 불구하고 엘리자베스 여왕은 왜 굳이 레반트 회사와 경합하는 동인도 회사의 설립을 인가했을까? 앞서 말했듯이 가장 큰 계기는 네덜란드의 동인도 무역 진출에 있다. 스페인이나 포르투갈이 세계 무역 시장에 행사하는 지배력이 여전한 가운데 신흥국인 영국이나 네덜란드는 동인도 무역에서 적극적으로 활로를 찾아 부를 축적하려는 경쟁에 뛰어들었다. 1595년 네덜란드는 영국보다 앞서 아프리카 남단의 희망봉을 경유하는 원양 항로를 개척해낸 반면에 베네치아 상인을 중개인으로 두던 레반트 회사의 동인도 무역은 한계가 점점 뚜렷해지며 위기를 맞는다. 그래서 레반트 회사의 토마스 스미스 회장은 희망봉을 경유하는 새로운 무역 회사의 출범을 모험 상인들과 구상하고 엘리자베스 여왕에게 동인도 회사에 무역 독점권을 내려주십사 간청하였다.

레반트 회사와 동인도 회사의 가장 큰 차이점은 활동 지역의 범위다. 애초에 레반트 회사는 지중해 동부에서만 활동하는 회사로 설립 인가를 받았고, 동인도 회사는 동인도 전반인 인도양, 홍해, 페르시아 만, 벵골 만, 버마해, 동남아시아 해역, 남중국해, 동중국해, 태평양 등을 대상으로 무역하는 회사로 인가를 받았다. 동인도 회사도 똑같이 향신료 무역을 목적으로 삼았으나 레반트 회사와는 활동 범위가 달라 서로 독립된 상업 활동을 전개할 수 있다는 판단에서 설립을 인가한 것이다.

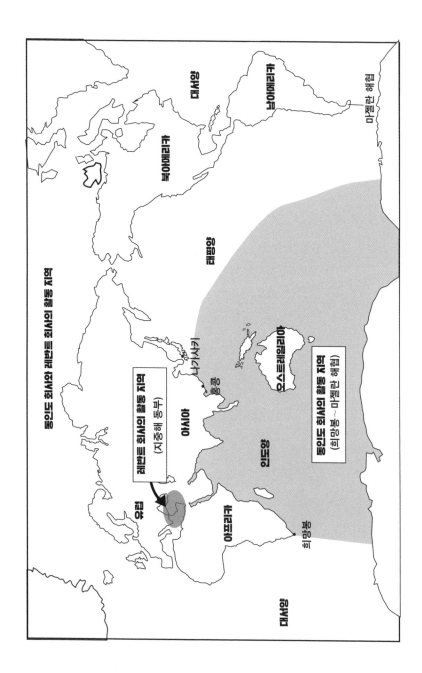

동인도 회사와 레반트 회사의 활동 지역

레반트 회사의 활동 지역
(지중해 동부)

동인도 회사의 활동 지역
(희망봉～마젤란 해협)

대서양

북아메리카

남아메리카

마젤란 해협

태평양

뉴기니

말루쿠 제도

오스트레일리아

인도양

아프리카

아시아

유럽

반다 제도

암본

희망봉

대서양

그 후의 동인도 회사

동인도 회사는 영국뿐 아니라 네덜란드, 프랑스, 덴마크, 스웨덴 등에서도 설립되었다. 모두 근대 국가가 형성될 즈음 동인도 지역에서 활발히 무역하기 위해 세워진 회사였고 각국은 자국 회사에 무역 독점권을 부여했다. 독점권은 국왕이나 정부가 부여했지만 모든 동인도 회사는 민간 자본이 도입된 민간 무역 회사여서 국가가 전담하는 국유 회사는 아니라는 공통점이 있다. 무역은 물물교환이나 결제 통화인 은으로 값을 치르는, 두 가지 방법으로 진행되었다. 남미의 포토시산 은, 일본의 이와미산 은, 그리고 유럽산 은 등이 동인도 회사를 통해 전 세계에 유통되었다.

탄생에서 소멸까지 270년의 세월 동안 초반 동인도 회사는 주로 향신료 무역에 주력했다. 당시는 향신료가 희소성을 인정받아 높은 가격에 팔렸지만 점차 어둠이 드리워졌다. 18세기 후반~19세기가 되자 향신료의 희소가치가 사라진 것이다. 이는 영국과 네덜란드가 서로 경쟁하며 향신료 무역을 전개하는 바람에 향신료가 대량으로 유럽에 들어왔기 때문이다. 대량 수입으로 상품의 희소성이 없어지고 값이 싸지면서 비로소 대중도 향신료의 은혜를 받을 수 있었다.

또한 근대 의학이 발달하여 질병 치료 방법이 개발되면서 향신료에 대한 인식에도 변화가 생겼다. 만병통치약의 효능과 현대식으로 표현하면 예방 의학과 약선(藥膳) 요리의 재료로 여겨지면서 오히려 요리 조미료로 널리 쓰였다.

이렇게 향신료는 급속한 대중화를 이루며 서양 요리의 필수 조미료라는 부동의 지위를 얻게 된다. 물론 동인도 회사는 향신료 무역에서 성공한 무역 회사였지만 19세기가 될 때까지 향신료에만 몰두할 수 없었다. 무역에서 취급하는 상품을 시대에 발맞춰 시시각각 바꾸었다.

거물 해적 1세대가 활약한 16~17세기 중반에는 향신료가 주요 상품이었고, 2세대가 등장한 17세기 후반~18세기에는 커피, 녹차, 홍차, 면직물 등의 수요가 높아 무역 거래액에서 향신료가 차지하는 비율은 감소 추세를 보였다. 향신료 외에 인도에서는 면직물을 사들이고 페르시아에서는 말, 융단(카펫), 비단을 수입했으며, 아라비아반도에서는 말이나 유향(乳香) 등을 매입했다.

미국 독립 전쟁 - 중국 아편 전쟁, 인도 플라시 전투의 배경

18세기 후반~19세기, 아시아 지역 내 무역이 활발한 때에 중국차의 수입 대금을 마련하기 위해 인도산(産) 아편을 중국인에게 파는 아편 무역이 활황을 맞았다. 중국인 부유층에 아편을 침투시키기는 수단인 아편 살롱이 성황을 이루면서 젊은 중국인 여성을 접객부로 고용해 손님들의 관심과 수요를 끌어내는 책략도 도입되었다. 동인도 회사는 대(對)중 무역이라 이름 붙인 아편 무역에 갖은 수단을 동원하며 거래를 이어갔다. 상하이 푸둥 신구(新區)의 동방명주탑(塔) 내 박물관에 복원된 당시 아편 살롱의 모습을 볼 수 있다.

이처럼 17~19세기에 동인도 회사는 시대의 요구를 빠르게 파악하여 거래 상품을 과감히 바꾸는 식으로 대응하여 유례없이 270년이라는 긴 시간 동안 존속할 수 있었다.

동인도 회사는 무역 회사이면서 인도를 지배한 거대 식민지 군대의 이미지도 가지고 있다. 동인도 회사는 영국 정부로부터 광대한 인도를 통치하는데 필요한 행정권, 외교권, 사법권, 경찰권, 징세권을 부여받았고 독자 군대의 보유도 허용 받는 등 단순한 무역 회사의 틀을 뛰어넘어 정치적 기능도 갖추고 있었다.

무역의 모든 것을 독점한 동인도 회사는 동인도 회사 관계자 외의 인물은 진입조차 할 수 없는 조직이었다. 중국차(茶)를 영국으로 수입, 수입 대금을 염출하기 위해 인도산(産) 아편을 중국으로 수출, 중국차를 미국으로 독점적 수출, 캘리코라고 불린 인도산 면직물(인도의 항구 도시 캘커타에서 유래)이나 인도네시아산 향신료를 영국으로 수입, 예멘산 모카커피를 영국으로 수입, 이 모든 무역의 흐름을 동인도 회사가 꽉 잡고 있었다.

강압적인 무역 독점을 270년이나 행사했으니 문제가 뒤따르는 것은 당연했다. 동인도 회사는 신대륙 미국에 중국산 차를 독점 수출하고 있었는데 영국이 제정한 차조례(1773년)가 불씨가 되어 그동안 쌓였던 미국인들의 불만이 폭발하며 보스턴 차 사건(같은 해 12월)이 발생한다. 차조례는 경영난을 겪던 동인도 회사를 구제하기 위해 고안된 법이었으나 그 법으로 관세가 낮아지면 미국인은 차를 값싸게 구매할 수 있었다. 영국은 런던의 창고에 산더미로 쌓여 있는 중국차의 재고를 미국에서 처분할 수 있고 미국인은 저렴한 가격으로 차를 구매할 수 있는, 영국과 미국 모두에게 좋은 조례일 터였다. 그러나 미국인은 영국이 식민지에서 행사하는 과세권이 더욱 강화될 것이라 경계했고, 중국차가 저렴해지면서 유럽(네덜란드, 프랑스, 스웨덴)과의 밀수로 생계를 유지하는 미국 밀수업자들이 큰 타격을 받는다는 등, 반대가 점차 거세지며 보스턴 차사건 발발에 이른 것이다. 결론적으로 이 일은 미국 독립운동의 신호탄을 터뜨린 사건이기도 하다.

이러한 동인도 회사의 강제적인 독점 무역으로 미국에서는 독립전쟁(1775~1783년), 중국에서는 아편 전쟁(1840~1842년)이 발발했고 인도에서는 플라시 전투(1757년)가 벌어지는 등, 동인도 회사는 무역을 독점하는 일련의 과정에서 큰 정치 문제들을 일으켰다.

무역 독점의 병폐가 점점 심해지자 영국은 1858년에 동인도 회사를 해산하기로 결정한다. 그와 동시에 인도 통치 개선법을 제정해 동인도 회사의 행정권을 영국 본국 정부로 이양했다. 이때부터 영국의 인도 통치 시대가 시작되었다.

원래 동인도 회사는 동남아시아 지역, 특히 인도네시아에서만 구할 수 있는 육두구나 정향 같은 향신료를 독점 수입하기 위해 설립한 단순한 무역 회사일 뿐이었다. 그러나 대영제국 발전의 역사와 함께 이 무역 회사는 정부의 권한을 대행하는 강력한 행정 기관으로 탈바꿈했다.

대해적 월터 롤리와 그의 아들. 회원제 '바다 클럽'을 창설.

제4장

커피에서 홍차까지
자본의 발상과 근대사회의 성숙

1. 커피 무역과 해적 비즈니스

모카커피의 등장

우리에게 친숙한 모카커피는 아라비아반도의 남동부(현재의 예멘)에 있는 모카 항에서 출하되는 커피의 브랜드명이다. 모카 항은 15세기 말부터 이미 커피 무역의 거점이었던 작은 마을에 있다. 해적들이 주목한 다음 돈벌이 수단은 커피였다.

동인도 회사의 무역선단은 남아프리카 희망봉에서 인도양을 횡단해 동남아시아 해역으로 가는 도중에 선원 휴식, 질병 치료, 선체 수리를 위해 마다가스카르 섬이나 소코트라 섬에서 2~3개월씩이나 머물러야 했다. 아덴만에 있는 소코트라 섬(현재의 예멘령)은 세계자연유산으로 등록되면서 서양인들이 모여드는 유명 관광지로 자리매김했다. 원래는 동인도 회사를 경영하는 해적들이 휴양하거나 치료를 받는 해적 섬이었다. 해적들은 본거지인 소코트라 섬에서 아덴만 연안의 아덴 항과 모카 항에서 커피 무역의 활황을 눈으로 직접 확인했다.

당시 모카나 아덴은 인도양 무역의 중심지이자 인도 무굴제국의 항구 도시인 수라트, 페르시아와의 무역 거점지로 주목받았다. 지중해 동부에서 무역 네트워크를 구축하고 있던 베네치아 상인이 중개하여, 이슬람 상인에게서 사들인 커피를 영국과 유럽 대륙에 판매하는 유통망도 이미 존재했다. 영국 해적들의 동인도 회사는 이 네트워크에 도전장을 내밀고 자신만의 질서를 만들려고 했다.

베네치아 상인의 활약과 그림자

이쯤에서 잠시 커피 무역의 전체 역사를 살펴보도록 하자. 16세기 말~19세기, 커피 무역에는 이탈리아, 영국, 네덜란드 3개국이 주로 관여했다.

· 이탈리아 베네치아 상인(16세기 말~17세기 초)

· 영국 레반트 회사(16세기 말~17세기 초)

· 영국 동인도 회사(17~19세기)

· 네덜란드 동인도 회사(17~18세기)

16세기에 영국 사람이 마신 커피는 당연히 모카커피다. 모카커피는 베네치아 상인이 유통하고 레반트 회사가 매입했다. 모카커피의 산지는 오스만 제국이 점령한 아라비아반도 남부의 예멘 부근이다. 커피는 해로(海路) 혹은 육로(陸路)로 카이로(현재의 이집트 수도)나 항구 도시 알렉산드리아에 옮겨진 다음 해상 무역로를 통해 베네치아로 반입되었다.

이러한 유통망을 단단히 쥐고 있던 이는 영국의 문호 윌리엄 셰익스피어와 동시대를 산, 〈베니스의 상인〉(The Merchant of Venice)이라 불렸던 베네치아의 상인들이다. 오스만 제국은 여러 유럽 국가들과 적대 관계여서 '바다의 수도' 베네치아와 맺은 무역 관계를 이용해 교묘하게 영국이나 유럽 대륙으로 커피를 수출했다. 영국이 모카커피를 수입할 수 있었던 것 역시 레반트 회사가 베네치아 상인과 제휴를 맺은 덕분이었다.

동인도 회사가 모카커피를 현지에서 직접 사들이기까지, 그동안 베네치아 상인은 뜨거운 햇빛이 쏟아지는 지중해에서 모카커피 무역의 사령탑으로 군림하고 있었다.

그러나 17세기 초, 영국 동인도 회사가 아프리카 남단의 희망봉을 경유해 모카 항에 도착한 다음 터키 무역 상인을 통해 직접 모카커피를 매입하는 데 성공하면서, 커피를 대량으로 게다가 안정적으로 수입할 수 있는 길이 열렸다. 이로 인해 레반트 회사의 커피 독점은 붕괴하였다. 동인도 회사의 저가 커피에 도저히 당해낼 수 없어진 레반트 회사는 커피 무역에서 손을 뗄 수밖에 없었다.

동인도 회사가 커피를 모카 항에서 대량으로 직접 매입한 이후,

영국에 커피가 정기적으로 들어오면서 소비가 급속도로 확대되어 커피가 유행했고, 뒤에 나올 커피 하우스도 여기저기 생겨났다.

커피 무역의 주역

동인도 회사와 레반트 회사가 과점하는 영국의 커피 무역 환경에서 두 회사의 정규 무역 이외의 방법으로 커피를 들여오는 일은 밀수나 다름없었다. 제3장에서 자세히 설명했다시피 이 두 회사는 거물 해적들이 엘리자베스 1세를 설득해 얻어 낸 무역 독점권으로 운영한 국책 회사였기 때문이다.

영국의 커피 무역은 호킨스 일족과 미들턴 일족 등 거물 해적 가문이 개척한 사업이다. 해적들이 베네치아 상인들이 만든 기존 유통망을 따르지 않고 동인도 회사의 무역선단을 이끌고 모카와 아덴으로 가 새로운 네트워크를 모색했다.

1606년 말~1607년 초, 동인도 회사 이사회는 무굴제국과의 무역을 위해 아덴에 상점을 열기로 했다. 원래는 인도 서부의 수트라에 상점을 열고 싶었으나 워낙 막강했던 포르투갈을 피하고자 아덴을 거점으로 두는 우회 전략을 취했다. 1607년 동인도 회사는 윌리엄 킬링을 선단장에, 윌리엄 호킨스를 부선단장에 임명한 세 번째 무역선단을 동인도 지역에 파견했다.

킬링과 호킨스는 둘 다 거물 해적이었고, 특히 호킨스는 명문 해적 가문의 자제였다. 제3선단에 동원된 선박은 레드 드래곤 호, 헥토르 호, 콘센트 호 등으로 모두 해적선이었다. 동인도 회사가 커피 무역에 진출한 시기는 엘리자베스 여왕이 서거한 직후인 17세기 초다. 스튜어트 왕조의 스코틀랜드 국왕 제임스 6세가 영국 국왕(정확히는 잉글랜드 국왕) 제임스 1세로 즉위한 시기였다.

이 책은 16세기 후반에 활약한 '여왕 폐하의 해적'에 집중하고 있어, 사실 커피 무역은 책이 다루는 시대 범위와 맞지 않다. 하지만 해적 비즈니스로 출발한 동인도 회사가 커피 무역에 진입하려고 얼마나 공들였는지 돌아보고 해적 비즈니스의 훗날을 살펴보는 일은 매우 흥미있는 일이다. 커피 하우스 열풍을 일으킨 해적의 후예와 동인도 회사를 짚어보면 또 다른 역사로도 뻗어 나갈 수 있다.

무력과 외교의 강약 조절

윌리엄 호킨스는 터키어에 능통해 모카와 아덴에서 터키인과 직접 교섭하여 아라비아반도를 동인도 회사의 거점으로 확보했다. 터키어를 구사하는 호킨스는 1608년 모카와 아덴을 지배하던 사나(현재의 예멘 수도)의 이슬람 지도자를 방문하며 친분을 쌓아 이후 무역을 허락받는 데 성공했다.

그러나 모든 것이 순조롭지만은 않았다. 제3선단은 소코트라 섬에 상륙해 휴양한 뒤 아덴을 방문해 그곳에 상점을 열기 위한 교섭에 들어갔으나 계획은 물거품이 되고 말았다. 동인도 회사는 해적 호킨스의 지원 덕분에 모카, 아덴, 수트라에서 무역 거점을 확보했지만 이러한 거점을 마련하는 데에는 약 10년이라는 세월이 걸렸다. 해적 무역선단의 '힘의 외교'로는 한계가 있다는 인식이 커지면서 귀족 출신 외교관인 토마스 로우 경이 교섭 담당으로 투입되었다. 그 결과, 무굴제국 황제를 직접 알현하고 긴 협상 끝에 수트라를 거점으로 삼을 수 있었다. 동인도 회사는 '해적의 무력'과 '외교관의 교섭력'이라는 강약을 적절히 조절하며 동인도 무역을 발전시켰다.

1619년 동인도 회사가 호킨스의 심복이자 차세대 해적 리더로 기대를 모았던 윌리엄 핀치를 교섭인으로 모카에 다시 파견하면서 동인도 회사의 무역선단은 모카에 자유롭게 입항할 수 있는 허가를 얻었다. 이로써 영국은 커피를 대량으로 매입할 수 있게 되었다. 커피가 각성과 진정 효과가 있는 의약품으로써 지중해 동부의 이슬람권을 중심으로 무굴제국과 유럽 대륙, 더욱이 영국 본토에서 널리 소비되는 사실에 주목한 동인도 회사는 커피 무역에 관심을 더욱 키워갔다. 희소성이 있고 고가인 커피는 상품 무역의 새 시장으로 떠오르기에 안성맞춤이었고 동인도 회사 관계자의 자신감도 나날이 높아져갔다. 커피의 제1 공급지인 모카를 거점으로 선택한 동인도 회사는 훗날 커피 무역으로 주도권을 거머쥐게 된다.

동인도 회사는 17세기에 인도양 남서부에서 아라비아 해로 남북 종단하는 무역로, 아라비아반도 모카~인도 북서부 수트라~실론 섬

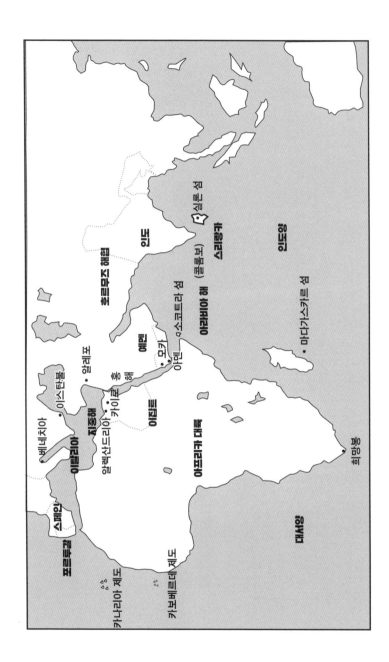

베네치아 •

이슬탄불 •

지중해

알레포 •

홍해

알렉산드리아 •
카이로 •

이탈리아

스페인

포르투갈

카나리아 제도

카보베르데 제도

대서양

아프리카 대륙

이집트

예멘

모카 •

아덴 •

호르무즈 해협

인도

소코트라 섬

아라비아 해 (콜롬)

캘리컷

실론 섬

마다가스카르 섬

희망봉

인도양

의 도시 콜롬보를 잇는 항로를 개설해 동인도 회사의 무역 네트워크
를 단숨에 확장했다.

2. 각성과 진정 효과를 일으키는 음료

왜 커피 무역일까?

질병과 상처에 듣는 만능 특효약인 향신료는 부유층에게 없어서는 안 되는 의약품일 뿐 아니라 희소가치가 있는 세계적 상품이라 해적들도 향신료를 획득하기 위해 치열한 쟁탈전을 펼쳤다. 한편 16세기 말~18세기의 커피는 경쟁의 대상이 아니었다. 커피는 동인도 회사의 비즈니스 물품이었지만 향신료 급의 이익을 가져다주는 상품은 아니었다.

그래도 커피 역시 인기 상품이었다. 커피는 스트레스 발산을 도와주고 정신 각성 효과와 통증을 완화하는 진정 효과가 있는 음료라고 광고되었다. 또 이슬람교가 지배적인 오스만 제국에 정착한 커피를 마시면서 대화하는 습관이 커피 하우스라는 만남의 장소를 탄생시겼다는 자료도 있다.

동인도 회사는 의약품으로 정평이 난 향신료보다는 큰 이익이 나지는 않겠지만 판매 방법에 따라 알짜 상품이 될 수 있다는 마음으로 커피 무역에 나섰다.

각성제와 약용 음료

커피의 원산지는 아프리카 북동부의 에티오피아 고원 지대인 카파(커피의 어원설)이고, 이곳에서 난 커피의 씨와 묘목은 홍해를 건너 아라비아반도 남서부의 모카항으로 옮겨졌다. 아라비아반도를 점령한 오스만 제국은 모카 주변부에서부터 사나의 산악지대에까지 커피를 재배했다. 모카 등지에서 생산한 커피를 지중해 연안으로 가져가 유럽 대륙에까지 소비 영역을 확장해 나갔다. 모카커피는 세계에서 가장 유서 깊은 커피인 셈이다.

커피의 어원은 지명 '카파'와 식욕을 감퇴시키는 '와인'이 관련되어 있다는 설이 가장 유력하다. 현재 와인은 식욕을 돋우는 식전술로 정착했지만 당시에는 정반대의 이유로 사람들이 애용했다. 커피의 아라비아어(Qahwa)는 원래 와인의 별칭으로, '인간의 욕망을 꺾는다'는 뜻이 있다. 와인의 식욕 감퇴 효과와 비슷한 맥락에서 커피에는 잠기운을 쫓는 효과가 있다는 이유로 커피에 아라비아어로 와인이라는 이름을 붙인 것이다. 커피는 15세기 초에는 '예멘 수피파의 야간 수행(修行)을 보조하는 음료'로 사용되었고 16세기 초반에는 '카이로의 알아즈하르 대학 학생들이 마셨다'라는 기록이 있다. 16세기 후반에는 이스탄불까지 널리 알려졌다.

수피파는 '신비한 방법으로 신'에게 도달한다는 발상으로 '정신적 행복을 위해 자기 최면을 걸어 황홀 상태에 들어갈 뿐 아니라 종교적 황홀을 체험하려고 여러 종류의 약물을 사용한다.' 이러한 종교 활동에 커피가 도입된 것이다. 수피파의 신비주의를 상상하면 이 세상과 격리된 채 은둔 생활을 보내는 신도가 신비한 음료인 커피를 마시는 장면을 떠올리겠지만 현실은 달랐다.

랄프 하톡스의 〈커피와 커피 하우스〉에 따르면 신도 대부분은 종일 종교 활동에 매진하지 않고 '낮에는 속세에서 직공이나 상인으로 일하기 때문에 밤의 수행에서 정신을 깨워주고 잠기운을 쫓아주는' 커피를 '신에게 헌신할 수 있도록 수행을 돕는 음료로 간주했다.' 신도가 속세에서 생활했기에 커피는 사회로 퍼져나갈 수 있었다. 그리고 수피파 카라반(낙타나 말에 짐을 싣고 다니면서 특산물을 교역하는 상인 집단)이 순례 길을 떠날 때 커피도 함께 실어 카이로나 시리아에 가져갔다고 한다. 커피가 16세기 중반 이스탄불에 도달한 뒤로는 식문화 역사에 새로운 장이 열렸다.

커피를 해설하는 책에는 염소 전설이 종종 등장한다. 염소를 기르던 칼디라는 염소 지기가 새로운 목초지에 염소를 데려갔는데 왜인지 염소가 흥분해 밤이 되어도 자지 않아 그 원인을 찾아보니 커피 열매를 먹은 탓이었다는 일화다. 이에 힌트를 얻은 한 신도가 이슬람 사원에서 밤에 예배를 드릴 때 커피 삶은 물을 마셔 봤더니 졸지 않았다는 전설도 함께 전해 내려온다.

그러나 아라비아어 문헌을 섭렵한 랄프 하톡스는 '아랍인이 남긴 커피에 대한 기록 중 어디에서도 이러한 전설을 찾을 수 없다'라고 지적하며 염소지기 전설은 '아마 유럽인이 꾸며낸 이야기일 것'이라고 추론한다. 커피에 매료된 유럽인이 커피의 기원 전설을 창작했을 가능성은 다분하다. 이 외의 커피 기원 전설은 아랍 세계에도 존재하고 다양한 전설이 있지만 하나로 좁혀지는 결정적인 단서는 없다.

커피의 각성과 진정 효과가 더욱 중요하게 인식되면서 커피는 아라비아반도에서 멀리 떨어진 이탈리아 베네치아에도 수출되었다. 더욱이 베네치아를 통해 영국과 유럽 대륙에까지 알려지며 소비 영역이 확대되었다. 그래서 16세기 말~17세기 초에 영국이 수입한 최초의 커피는 예멘산 모카커피다.

현재 커피는 일상에 활력을 주고 즐겁게 생활하기 위한 필수 기호품으로 전 세계에서 사랑받고 있으나 당시에는 기호품이 아닌 종교 생활에 필요한 약용 음료였다. 각성제나 의약품으로 받아들이는 과정을 거치고 나서야 비로소 커피 한 잔을 마시며 비즈니스 이야기를 나누는 상업 관행이 탄생했고, 17세기 영국에서는 비즈니스의 거점 역할을 하는 커피 하우스가 잇달아 모습을 드러내었다.

커피 하우스의 등장

오스만 왕조의 술탄인 쉴레이만 1세 시대인 1554년, 수도 이스탄불에서 세계 최초의 커피 하우스가 문을 열었다. 당시 커피는 경건한 이슬람교도 사이에서 희소가치가 높은 음료로 인식되어 많은 이슬람교도가 커피를 마시러 커피 하우스를 방문했다. 16세기 초반에는 이슬람교의 성지인 메카, 메디나, 그리고 대도시 카이로에서도 이슬람교도가 예배드리기 위해 모스크(이슬람 사원)를 방문할 때 커피를 마셨다고 하니, 이스탄불에서 세계 최초의 커피 하우스가 탄생하기 훨씬 전인 아마도 15세기 중반부터 커피를 마시는 습관은 중동 지역에 정착한 것으로 보인다. 커피의 기원 등에 관한 자료적 증명은 여전히 어렵고 억측에 지나지 않는 주장도 많다. 다음은 커피 하우스 관련 내용을 연표로 정리한 것이다.

15세기 초, 현 예멘의 수피파가 야간 수행 때 잠기운을 쫓기 위해 커피를 마심.

1454년 아덴(현재의 예멘)에서 일반 국민에게 커피 마시는 일이 허용되면서 널리 보급됨.

1511년 카이로(이집트)의 알아즈하르 대학에서 커피를 마심(커피 하우스의 전신).

1530년 다마스쿠스(시리아)에서 커피를 마심.

1532년 알레포(시리아)에서 커피를 마심.

1554년 이스탄불(터키)에서 커피 하우스 탄생.

1645년 베네치아(이탈리아)에서 커피 하우스 개점.

이후 다음과 같이 각국에 보급되었다.

1650년 옥스퍼드 '야코프의 커피 하우스'(영국)

1652년 런던 '커피 텐트(로제의 커피 하우스)'(영국)

1666년 암스테르담(네덜란드)

1671년 마르세유(프랑스)

1679년설(說)・1687년설 함부르크(독일)

1683년 빈(오스트리아)

1686년 프라하(체코), 뉘른베르크(독일)

1689년 파리 '카페 르 프로코프'(프랑스)

1694년 뉴욕(미국)

라이프치히(독일)

(출전) 하루야마 유키오(1991), 시라이 류이치로(1992), B.Lillywhite(1963)

영국판 커피 하우스의 탄생

옥스퍼드는 런던의 북서부 내륙에 있는 대학촌이다. 설마 해적과 접점이 있으리라고 예상하지는 못했겠지만 영국에서 처음 커피를 마시기 시작한 곳은 옥스퍼드 대학의 명문 베일리얼 칼리지다. 캔터베리 대주교 윌리엄 로드가 그리스 크레타 섬에서 데려온 학자로부터 커피를 소개받았다.

로드가 옥스퍼드 대학 총장이었던 때에 지중해에서 커피가 들어왔다. 커피 문화의 발생은 학술 교류의 부산물이었던 셈이다. 당시 해상 운송 상황을 고려해보면 로드 대주교는 해적과 한 몸이었던 '모험 상인'의 무역선을 통해 학자와 커피를 옥스퍼드 대학에 들여왔을 것이다.

영국에 본격적으로 커피 시대가 개막한 때는 17세기 후반으로 동인도 회사가 설립된 지 반년이나 지났을 무렵이다. 커피의 인기에 불이 붙은 시기는 17세기 말, 커피 하우스 문화가 황금기를 맞은 때는 18세기 즈음이다. 이 시대에 커피는 동인도 회사의 인기 상품으로 성장해 런던 시내에서는 커피 하우스가 성황을 이루었다. 1650~1750년대의 100년 동안 커피 하우스는 런던 시내에 차고 넘칠 정도였고, 전성기에는 3,000개가 넘는 커피 하우스로 런던 전체가 북적거렸다고 한다. 심지어 18세기 전반에는 런던과 그 주변 지역까지 포함하면 커피 하우스가 8,000개나 있었다는 기록도 있다. 그야말로 영국은 '커피의 나라'로 유럽 대륙을 넘어 오스만 제국에까지 그 명성을 떨쳤다.

영국 최초의 커피 하우스는 1650년 옥스퍼드의 대학촌에서 탄생해 2년 후인 1652년에는 런던에서도 문을 열었다. 레바논 출신 유대인 야코프가 옥스퍼드에 개점한 커피 하우스는 학생들 사이에서 선풍적 인기를 끌었고 커피 문화는 대학촌에서 꽃을 피웠다. 이 시기는 청교도 혁명(1642~1649년)이 발발한, 즉 국왕파와 의회파의 피 튀기는 권력 투쟁이 내전으로 번진 때이다. 이 내전을 끝내려고 의회파는 1649년에 국왕 찰스 1세를 처형했고, 의회파를 이끈 올리버 크롬웰(케임브리지 대학 재학 중 청교도가 됨)은 왕정 대신 공화국(Commonwealth, 1649~1660년)을 수립했다. 옥스퍼드 대학촌에서 커피 하우스가 간판을 올린 것은 공화국 탄생 직후였다.

1655년을 전후로 커피는 올 소울스 칼리지 주변에 침투하며 무서운 속도로 퍼져나갔다. 커피는 옥스퍼드에서 그치지 않고 런던에서 생활하는 모든 사람을 사로잡았다.

이러한 커피의 인기도 일시적으로 정체한 적이 있다. 왕정복고(1660년) 운동과 명예혁명(1688년)이 일어난 정치적 격동기에 엎친 데 덮친 격으로 흑사병이 대유행하고(1665년) 이듬해 런던 시내에서 대형 화재가 발생하면서(1666년) 커피 하우스는 고난의 시대를 맞이한다. 겨우 정치가 안정되고 병마를 극복하고 잿더미에서 재건함에 따라 커피 하우스도 되살아날 수 있었다.

커피 하우스 시대가 영국에 도래 했다는 말은 곧 1650년대 이후 커피를 안정적으로 수입할 수 있게 되었다는 뜻이다. 그 이전에는 커피를 불규칙적이고 비싼 가격에 들여와서 커피는 귀족이나 부유층 등 극소수의 영국인만이 큰돈을 내고 손에 넣었던 귀중품이었다.

로이즈 커피 하우스는 정보 센터, 사교장 역할을 했으며 늘 사람들로 붐비었다.

3. 커피 하우스의 시대

로이즈 커피 하우스

초창기 동인도 회사의 간부와 선장 자리는 예외 없이 모두 거물 해적 출신이 잡았고, 그들이 커피를 마시며 비즈니스 이야기를 나누는 장소는 커피 하우스였다. 그중에서도 유명한 곳이 바로 로이즈 커피 하우스다. 로이즈는 세계 최대의 보험 연합체로, 세계 각지의 보험 회사를 포함해 거대한 네트워크를 구축하고 있는데, 처음에는 해적들이 모여드는 작은 커피 하우스에 불과했다.

유럽 대륙을 두려움에 떨게 했던 30년 전쟁이 막을 내린 1648년, 에드워드 로이드는 이맘때 태어났다. 로이드는 40대를 앞둔 1688년 (1687년 설도 있음)에 커피 하우스 1개를 개점했다. 그 당시 런던 시내에는 이미 개러웨이즈, 조나단즈, 월즈 등 유명 커피 하우스가 각축을 벌이고 있었다. 그 가게들은 동인도 회사의 간부나 선장, 더욱이 투자가들이 모여드는 집합소였다. 해적 출신이 경영하는 동인도 회사의 간부와 선장은 부유층이라서 이들 고객을 끌어오려고 커피 하우스는 서로 치열하게 경쟁했다. 이 경쟁에 새로이 뛰어들고 싶었던 로이드는 고객의 다양한 요구를 정확하게 파악해 새로운 체재를 만들어 동인도 회사의 간부와 투자가들의 발걸음을 서서히 '로이드의 커피 하우스' 즉 '로이즈'로 옮기는 데 성공한다. 로이즈(Lloyd's)란 '로이드의', '로이드가 소유하는'이라는 뜻이다. 개러웨이즈나 조나단즈도 마찬가지다. 로이즈 커피 하우스의 초대 경영자는 에드워드 로이드가 분명하나 1713년에 로이드가 사망한 이래 로이드 가문과는 상관없는 사람들이 가게를 맡아 운영했다.

당시 상업 관행으로는 경영자의 이름을 가게 이름으로 하는 것이 당연했는데도 로이즈라는 간판은 계속 유지되었다. 이는 가게 이름 로이즈가 18세기 초에 이미 브랜드로써 확고한 지위를 차지했다는 사실을 증명한다.

로이즈 커피 하우스 성공의 열쇠

로이즈가 성공할 수 있었던 가장 큰 이유는 동인도 회사 관계자에게 사무실과 휴식 공간을 동시에 제공하는, 당시로는 획기적인 경영 전략을 구사했기 때문이다. 레이먼드 플라워와 마이클 존스가 편집한 〈런던의 로이즈〉 등에서 로이드의 번뜩이는 아이디어를 발견할 수 있다.

창업자 에드워드 로이드는 동인도 회사 관계자를 사로잡기 위해 연중무휴 24시간 영업 체제를 도입했고 음료는 커피, 홍차, 맥주, 진 등 여러 종류를 준비했으며 고객의 요구를 반영한 맞춤 식사 서비스도 제공했다. 비즈니스 환경을 조성하기 위해 당시에는 귀했던 잉크와 메모용지도 가게 한쪽에 마련해 두었고 항상 직원 5명을 두어 고객의 요구 사항을 만족시켜 줄 인해전술도 펼쳤다고 한다. 또한 고객의 요구를 들어주는 점원을 아침부터 밤까지 '대기(웨이트)'하게 하면서 남성 점원을 '웨이터', 여성 점원을 '웨이트리스'라고 불렀다. 로이즈 창업자 로이드가 경영하는 시기에는 가게 안에 웨이터 3명, 웨이트리스 2명이 늘 있었고 특히 젊은 여성을 직원으로 고용했다. 커피 하우스 가운데에는 웨이트리스를 현관에 세워두고 손님의 관심을 끄는 가게도 있었다.

당시의 복원도를 자세히 보면 고객이 정보를 교환하거나 사업 이야기를 편하게 할 수 있도록 테이블 배치에도 상당히 신경 썼다는 사실을 알 수 있다. 담소를 나눌 때 사용하는 큰 테이블은 가게 중앙에 두었고 문을 열고 들어왔을 때 보이는 오른쪽 공간에는 편하게 사담을 나눌 수 있도록 칸막이로 각 테이블을 구분해 두었다. 한편 왼쪽 공간에는 경매 특설 코너가 있었고 가게 안쪽 깊숙한 곳에 자리한 벽난로 부근에는 사람들이 난로를 둘러싸고 쉴 수 있도록 휴식 공간을 연출하는 등의 아이디어가 돋보인다. 어느 커피 하우스보다도 가게 안을 청결하게 관리했다. 17세기의 런던 시내는 도로도 정비되지 않았고 도로는 먼지와 배설물로 뒤덮여 악취를 내뿜는 등 환경이 매우 열악했다. 왜 전염병인 흑사병이 만연했는지 이해가 가는 환경이었다.

그러한 가운데 로이즈는 동인도 회사 관계자에게 쾌적한 공간을 약속했다. 고객이 온종일 가게에 머물러도 지루하지 않고, 일하기 쉬우며, 편안히 휴식할 수 있도록 공간을 다양하게 마련해 두었다. 원양 항해를 마치고 돌아온 선장을 초대해 해외 사정을 알리는 미니 강연회를 개최하는 등의 고객 서비스도 놓치지 않았다. 게다가 오후 3시부터는 상품 경매를 열기도 했다. 이렇게나 구성 요소가 다양하니 부유층 고객들은 연일 로이즈를 방문하지 않을 수 없었다.

개업한 지 4년째에 접어든 1691년, 로이즈 커피 하우스는 타워 스트리트에서 우편국과 가까운 롬바드 스트리트로 이사하면서 점포를 확장했다. 훨씬 넓어지고 단골손님이 이용하기에 더욱 편리해진 로이즈는 여러 커피 하우스 중에서도 독보적 위상을 자랑했다.

새 점포는 1696년, 무역선과 해외 무역 전문지인 〈로이즈 뉴스〉를 매주 2회 발행했다. 종이 한 장에 오른쪽으로 기울어진 이탤릭체 글자가 양면 인쇄되어 있었으며, 신문에 실린 최신 기사는 모두 '단골손님(Regulars)'인 동인도 회사 관계자에게서 얻은 정보였다. 기사 내

170

용을 정부가 검열하면서 이 신문은 발행 중지 사태에 몰리기도 했으나 1734년에 본격 경제 정보지인 〈로이즈 리스트〉로 부활하여 지금까지 명맥을 이어오고 있다.

로이즈는 여느 커피 하우스와는 차원이 다른, 동인도 회사의 해외 진출을 돕는 거점 역할을 하는 장소였다. 해외 무역의 필수 요건인 범선 조달, 무역선 구매 및 임대비용 조달, 무역선 보험 거래 등을 계약하고 결재하는 장소가 되면서 로이즈의 중요도는 나날이 높아졌다. 로이즈에서는 범선에 출자한 개인 투자자의 투자 위험도를 줄여주기 위해 선박이나 무역품을 담보로 하는 특별한 보험 상품이 고안되기도 했다. 마침내 이러한 대형 보험업을 맡을 만한 자금력을 지닌 인물들이 등장한다. 이들은 채권의 하단(Under)에 보험을 인수하는 사람(Writer)의 이름을 적은 것에서 유래해 '언더라이터(Underwriter)'라고 불렸다. 보험을 인수하는 개인 언더라이터들이 주로 로이즈에서 활동하면서 로이즈는 서서히 보험 조직의 성격을 띠게 되었다.

개인 언더라이터가 모여드는 보험 네트워크의 중심이라는 사회적 지위를 획득한 로이즈는 단순히 개인이 소유하는 커피 하우스를 넘어 동인도 회사와 운명을 함께하는 이해관계자 네트워크 조직으로까지 발전했다.

사라질 위기에 놓인 로이즈

로이드가 사망한 뒤 경영자가 빈번하게 바뀌던 와중에 어느 한 경영자가 로이즈에 도박 게임을 들여온 적이 있다. 무역선 보험이 도박성 짙은 상품이라는 사실을 떠올리면 도박이 도입된 것은 자연스러워 보인다. 하지만 카드 도박 등의 게임 쪽에 무게가 실리면서 보험 비즈니스 공간이 사라질 가능성이 언급되며 로이즈는 위기를 맞았다.

그때 평소 고객들 사이에서 신망이 두텁던 한 유능한 웨이터가 여러 언더라이터의 지원 덕분에 독립에 성공하며 뉴 로이즈를 설립했다. 그렇게 런던 시내에 두 개의 로이즈가 존재하게 되었으나 실질적으로 본가 로이즈가 이후 뉴 로이즈에 흡수 합병되어 결국 로이즈는 위기를 잘 넘긴 셈이다. 이 사건을 계기로 로이즈는 언더라이터가 모이는 전문 보험 조직으로 성격이 크게 바뀌게 된다. 커피 하우스 로이즈는 이제 역사 속으로 사라졌다.

17세기에 문을 연 당시 로이즈에서는 돈을 내면 누구나 커피를 마실 수 있었는데 보험 업계의 중심이 되고 신구 로이즈가 합병된 이후로는 일반 고객은 들어올 수 없는, 해운·보험 업계의 회원제 클럽으로 변신했다.

클럽 회사 - 회원제 커피 하우스

영국에서 해외 무역이 눈부시게 성장하면서 커피 하우스의 전문점화도 순조롭게 진행되었다. 동인도 회사 관계자가 로이즈를 문지방이 닳도록 드나든 것처럼 국왕 찰스 2세의 열렬한 지지자들은 맨즈 커피 하우스(통칭 로열 커피 하우스)를 거점으로 삼았다.

무역 상인과 투자자가 정보를 교환하는 가게, 원양 항해를 준비하는 선원이 들르는 가게, 무역선 보험을 알선하는 가게, 귀족이 편애하는 가게, 정치가가 집회장으로 이용하는 가게, 정부 전복의 음모를 꾸미는 가게, 문인이 담화를 나누는 가게, 신문기자가 모여드는 가게 등 개성 강한 커피 하우스가 등장하며 커피 하우스마다 고객층이 뚜렷하게 구분되었다.

거액의 자금이 움직이고 중요한 정보가 교환되는 곳인 만큼 사기꾼이나 범죄자도 커피 하우스에 얼굴을 내밀었다. 헛된 방법으로 돈을 벌 수 있다는 사기꾼, 가망 없는 사업(프로젝트)을 제안하는 프로젝터 등 커피 하우스는 중요한 정보를 얻는 거점인 한편 자칫 잘못하면 범죄 피해를 당할지도 모르는 위험한 장소가 되었다. 그렇게 되자 투자 이야기나 정보 교환도 안심하고 할 수 없었고 정적(政敵)이 심어둔 스파이가 커피 하우스에서 정보를 수집한다는 사실도 세상에 밝혀지면서 커피 하우스 경영자들은 고객이 떠나는 것을 막기 위한 해결책을 찾아야 했다. 그 결과 고안된 것이 바로 회원 한정 커피 하우스, 즉 클럽이다. 신원과 내력이 확실하고 클럽 회원의 추천이 없으면 입회할 수 없는 규칙을 도입한, 영국 클럽 사회의 탄생 순간이다.

18세기 영국의 클럽 중에는 새뮤얼 존슨 박사의 문예 클럽이 일찍부터 알려졌지만 비즈니스나 정치의 세계에서도 대유행이었다. 거금이 오가는 비즈니스에서는 신용이 중요해 회원제 클럽은 대형 비즈니스의 필수 요건이 되었고, 권력 투쟁이 치열한 정계에서도 적대 세력에게 정보가 새나가지 않도록 정당이나 파벌 단위로 커피 하우스에 마련한 특별실을 클럽 집회소로 이용했다.

월터 롤리의 '바다 클럽'

영국에서 클럽 사회가 흥성한 때는 18세기가 맞지만 기원을 찾으려면 그보다 한참을 거슬러 올라가야 한다. 영국의 해적 비즈니스는 여왕과 투자가가 관여한 국가 프로젝트였기 때문에 이익집단인 클럽 사회는 훨씬 이전부터 존재했다. 이런 방향으로 클럽 사회의 기원을 찾으면 17세기 초반에서 한층 더 명확한 증거를 발견할 수 있었다. 바로 머메이드 클럽, 거물 해적 월터 롤리 경이 1603년에 동료 해적들과 만든 바다 클럽이다. 머메이드란 인어를 뜻하는 단어로, 머메이드 클럽은 바다의 여신을 상징으로 둔 회원제 클럽이었다.

롤리는 북아메리카 대륙에서 감자와 담뱃잎을 처음 영국으로 들여온 전설적 해적이다. 배우 케이트 블란쳇 주연의 영화 〈골든 에이지)에는 향신료를 실은 선박을 습격해 재화를 빼앗고 북아메리카 대륙을 탐험하여 손에 넣은 버지니아 식민지를 엘리자베스 1세에게 헌상한 공적으로 롤리가 여왕으로부터 기사 작위를 받는 장면이 나온다.

그렇고 그런 해적이 아닌 옥스퍼드 대학을 나온 엘리트 해적인 롤리가 설립한 머메이드 클럽에서는 각계의 저명인사들이 교류했고, 사상가 프랜시스 베이컨, 문호 윌리엄 셰익스피어, 극작가 벤 존슨도 방문했다는 일화가 전해진다. 영국의 클럽 사회를 논할 때 거물 해적을 빠뜨리고는 이야기할 수 없다.

커피 붐은 연출일까?

앞의 내용을 곱씹어보면 커피 하우스 시대는 실은 동인도 회사가 정책적으로 구상하고 연출한 상황이 아닐까 하는 가설을 떠올리게 한다. 동인도 회사는 아라비아반도에서 모카커피를 독점적으로 대량 매입해 원래 해적선이었던 자사의 무역선에 싣고 런던으로 옮겨와 커피를 판매 · 유통하는 식으로 상권을 장악하고 있었다. 독점적으로 시장을 지배하는 구조가 완성되었다면 다음은 커피를 대량으로 소비시키는 판을 짤 차례다. 이런 식으로 처음 커피 무역을 통해 안정적이고 막대한 수익을 올릴 수 있게 된 까닭이 아닐까?

원래 동인도 회사는 개인 투자자 집단이고 그들이 조직을 만들어

무역선단을 보낸 것이므로, 커피 하우스 경영자에게 비즈니스를 제안하고 커피 붐을 계획한 것도 개인 투자자라는 결론은 나름 논리적이다. 문헌을 통해서도 동인도 회사가 조직적으로 관여했다는 증거는 찾을 수 없으나 로이즈가 동인도 회사의 집회소 역할을 한 것처럼, 양자는 상당히 긴밀한 관계였음이 틀림없다. 커피 하우스를 커피 무역의 한 축으로 세워 무역의 규모를 키우려 했던 의도를 충분히 예상할 수 있다.

영국의 커피 붐은 100년 동안 이어졌지만 18세기 중반이 되자 순식간에 폭삭 사그라졌다. 다음으로 '홍차의 시대'가 도래했기 때문이다.

4. '홍차의 나라'로 대변신

홍차의 나라 - 영국

다르질링, 아삼, 닐기리, 우바, 기문, 얼그레이, 프린스 오브 웨일즈, 캐서린, 토마스 트와이닝, 포트넘앤메이슨(F&M), 토마스 립톤, 브룩 본드, 애프터눈 티(오후의 차), 이는 모두 영국의 홍차 문화를 꽃피우는 데 이바지한 명칭들이다.

다르질링과 아삼은 영국이 식민지로 삼은 인도의 지명으로, 홍차를 재배하는 인도 북동부 지역에서 유래했다. 닐기리 역시 인도 남부의 고원지대에 있으며 지명의 뜻은 '푸른 산맥'이다. 우바는 영국이 점령한 스리랑카(구(舊)실론) 남부의 지명으로 실론 차의 대명사이다. 기문은 중국 안후이성 등지에서 생산되는 홍차로, 다르질링, 우바와 함께 세계 3대 차로 유명하다. 기문은 원래 녹차 산지였으나 영국과 네덜란드가 홍차를 매입하면서부터 홍차를 활발히 생산했다.

얼그레이는 19세기 그레이 백작(얼Earl)이 즐겨 마셨던 특제 블렌드 홍차에서 유래되었다는 설이 있다. 해군 장관과 외무 장관 등을 역임한 그레이 백작이 중국을 방문했을 때 중국차를 선물 받은 일을 계기로 블렌드 얼그레이가 탄생했다. 이 정치가는 1630년에 총리직을 맡기도 했다. 당시에는 중국 무이산에서 수확한 홍차에 베르가못(레몬과 비슷한 감귤 계통 과일)의 향유를 첨가한 플레이버 티를 얼그레이라고 불렀다.

마찬가지로 블렌드 홍차인 프린스 오브 웨일즈는 국왕 에드워드 8세가 아직 황태자였던 1921년, 트와이닝스사(社)가 황태자만을 위해 헌상한 퍼스널 블렌드 홍차로, 황태자가 명명한 이름이다. 이처럼 홍차 회사는 특제 블렌드 홍차를 수단으로 이용하여 왕실 및 정치가를 홍차와 교묘히 연관시킴으로써 홍차를 고급품으로 브랜드화 하는데 성공했다.

커피에서 홍차로 정책 전환

영국에서 커피가 쇠락하고 홍차가 떠오른 데에는 커피 무역을 둘러싸고 격화된 네덜란드와의 경쟁도 영향을 미쳤다.

네덜란드는 동인도 무역에서 세력을 강화하기 위해 1602년에 네덜란드 동인도 회사를 설립했고, 18세기에는 모카커피에 대항하는 자바 커피의 생산·유통망을 손에 넣으려 적극적으로 움직였다. 네덜란드 동인도 회사가 자바 섬으로 커피 원목을 들고 간 때는 1696년이다. 18세기에는 인도네시아 자바 섬과 인도 남쪽의 실론 섬에서 대규모 커피 농장을 운영하면서 모카커피보다 값싼 커피를 심지어 대량으로 유럽 대륙에 유통했다.

그렇게 모카커피와 대적할 만한 새로운 브랜드, 자바 커피가 등장했다. 유럽 대륙에 유입된 네덜란드의 저가 커피는 영국 동인도 회사의 커피 무역에 큰 타격을 주었다. 이에 커피 무역에는 장래성이 없다고 판단한 영국 동인도 회사는 커피 무역에서 대담하게 철수하고 소규모 커피 무역은 이어나갔으나 중국을 주축으로 하는 차 무역으로 노선을 급히 바꾸었다. 영국은 '커피의 나라'에서 '홍차의 나라'로 정책을 서둘러 전환했다.

이 외에도 영국이 홍차의 나라가 된 이유를 추측하는 가설은 많다. (1)식용수〈칼슘 등이 많이 함유된 경수(硬水)〉의 성질이 홍차와 잘 어울렸다. (2)홍차에 부과되던 관세가 낮아졌다. (3)메리 2세와 그의 동생 앤 여왕이 홍차를 즐겨 마셨다. (4)부유층을 중심으로 애프터눈 티 문화가 유행했다. (5)커피는 남성이 즐겨 마시는 음료인 데 반해 홍차는 여성이 많은 시간을 보내는 가정에서 마시는 음료였다. 하지만 네덜란드 동인도 회사가 활약하기 전에 이미 모카커피 무역은 가격 면에서 비교 우위를 잃은 상태여서 새로운 이익 추구 대상을 찾고 중국 차 무역을 독점할 방안을 모색하는, 실리를 추구한 정책

전환이 가장 큰 이유였으리라.

동인도 회사는 중국 남부의 광저우(현재 광둥성의 중심 도시)에서 매입한 대량의 중국차를 영국에 안정적으로 공급하는 무역로를 개척했다. 중국차의 안정 공급원을 확보한 덕분에 영국은 홍차의 나라를 디자인할 수 있게 된 것이 아닐까.

궁정에서 시작된 홍차 문화

영국에 홍차를 마시는 습관이 자리 잡은 때는 17세기 후반이라는 설이 가장 유력하다. 1662년 영국 국왕 찰스 2세가 배우자로 맞이한 포르투갈 왕실의 캐서린 브라간사는 홍차 문화를 탄생시킨 인물이다.

아버지 찰스 1세가 처형된 후 왕정복고를 거쳐 영국 국왕으로 부활한 찰스 2세는 체제를 다잡기 위해 유럽 왕실에서도 손꼽히는 포르투갈 왕가 핏줄의 힘을 빌리고자 했다. 그렇게 영국 왕비가 된 캐서린은 궁정 생활 속에서 고급 홍차를 즐겼고 포르투갈에서 지참금으로 가지고 온 귀한 설탕을 홍차에 섞어 마시는 등 홍차와 설탕을 향유하는 궁정 문화를 창조하여 영국 왕실에 새로운 바람을 몰고 왔다.

얼마 지나지 않아 캐서린의 홍차 음미법은 귀족 사회에 널리 퍼졌다. 홍차의 고급스러움은 이러한 귀족 문화에서 기인했다. 그러나 캐서린이 즐겨 마셨던 홍차는 사실 홍차가 아니라고 한다. 영어로 티 (Tea)는 '차'이고 차는 홍차와 녹차 모두를 가리킨다. 하네다 마사시의 〈동인도 회사와 아시아의 바다〉가 여러 각도에서 문제를 제기하는 것처럼 17~19세기 영국 귀족 사회에서 널리 퍼진 차는 고급 녹차였다고 하니 왕비가 즐겨 마신 '티'는 홍차가 아닌 녹차일 가능성도 짙다.

하루야마 유키오의 〈홍차의 문화사〉에는 마르코 폴로의 〈동방견문록〉을 편집한 조반니 바티스타 라무시오가 '중국의 차'에 대해 남긴 기록을 인용한 문장이 나온다. "공복에 (차) 끓인 물을 1~2잔 마시면 열병, 두통, 위의 쓰라림, 옆구리나 관절의 통증이 낫는다. (중략) 그것은 더욱이 셀 수 없을 정도로 많은 다른 병에도 효과가 있다. 예를 들어 통풍에도 약효를 보인다."라는 문장은 라무시오의 〈항해와 여행〉(1559년 즈음 출판)에 나오는데, 이 책은 차의 효용을 유럽에 상세하게 전한 최초의 문헌으로 알려져 있다. 이처럼 '티'는 의약품으로도 주목받으며 영국 왕실과 부유층 사이에서 유행했고 시간이 지나면서 점차 대중적인 상품이 되었다.

트와이닝스와 F&M - 고급 홍차

고급 홍차의 대명사인 트와이닝스가 런던 시내의 스트랜드 스트리트에서 사업을 시작한 때는 18세기 초반이다. 1706년 런던 시내의 커피 하우스 '톰의 커피 하우스'를 인수하며 비즈니스의 세계에 발을 들였다. 당시는 커피 하우스 전성기로 개업 초기의 주력 상품은 커피였지만 동인도 회사가 세운 치밀한 정책의 영향을 받아 커피에서 고급 녹차나 홍차로 주류가 바뀌는 시기였다. 사업은 순조롭게 성장했고 1717년 트와이닝스사(社)는 전신인 고급 가게 '골든 라이언'을 개업했다. 원래는 왕관을 쓴 채 당당하게 얼굴을 똑바로 들고 있는 황금 사자가 상표였는데, 3대 트와이닝은 중국으로부터 녹차와 홍차를 직수입하고 있다는 증거로 앉은 형상의 중국인 상인 동상 2개를 황금 사자의 양옆에 추가하여 가게 간판을 장식했다.

커피 하우스는 오직 남성만 이용한 반면 트와이닝스는 '골든 라이언'에 특별실을 마련해 여성도 가게를 이용하게 한 덕분에 상류 계급의 폭넓은 고객층을 유치할 수 있었다. 트와이닝은 원래 동인도 회사의 직원이라서 동인도 회사가 독점 수입하는 커피, 녹차, 홍차 가운데 선별한 양질의 상품을 자사의 가게에서 판매하는 유통 구조를 확보할 수 있었다. 이후에도 트와이닝은 자신의 이름을 들으면 곧바로 홍차를 연상할 만큼 홍차 시장에서 점유율을 높이기 위해 온 힘을 쏟았다. 왕실이나 귀족과도 긴밀한 관계를 맺어 19세기에는 '얼그레이', 20세기에는 '프린스 오브 웨일즈'를 전 세계에 알리기도 했다.

1707년에는 영국 왕실의 하인이었던 윌리엄 포트넘이 자신의 지인 휴 메이슨과 손을 잡고 런던 시내의 피카딜리 스트리트에서 고급 식료품 가게 포트넘앤메이슨(F&M)을 설립했다. 트와이닝이 개업한

지 딱 1년 뒤의 일이었다.

포트넘은 앤 여왕의 하인으로, 궁정에서 양초를 관리하는 직무를 맡은 덕분에 쓸모를 다하고 남은 양초를 집으로 가져갔고 부업으로 운영하는 잡화점에서 그 양초를 판매했다. 당시 실내조명은 곧 촛불이었기에 양초를 유지·관리하는 일은 궁정 내에서 아주 중요한 직무였다. 메이슨은 이 잡화점의 임대인이었다. 두 사람은 머리를 맞대고 왕실 관계자나 부유층을 대상으로 하는 새로운 비즈니스 모델인 고급 식료품 가게를 고안했고 이 가게에서는 녹차나 홍차, 커피 등을 팔았다.

현재 F&M의 간판 상품인 '로열 블렌드'는 1902년 에드워드 7세의 국왕 즉위를 축하하기 위해 만든 헌상품이다. 이처럼 F&M 역시 18세기 이후 왕실과 끈끈한 역사를 공유하고 있다.

런던 트와이닝스 가게의 간판. 황금 사자의 양옆에는 중국인이 앉아 있다.

홍차의 대중화 - 립톤 홍차

19세기에 접어들면서 립톤이나 브룩 본드 같은 신흥 기업이 등장했다. 토마스 립톤은 아버지의 식료품 가게에서 일손을 돕다가 15세에 홀로 미국으로 건너갔고 20세가 된 1871년에 귀국해 고향인 스코틀랜드 글래스고에서 염원하던 식료품 가게를 열었다. 이 청년 실업가는 식료품 가게를 체인화하는 데 성공해 30세 즈음에는 부호가 되었고, 풍족한 자금으로 매수한 실론의 커피 농장을 대규모 홍차 농장으로 바꾸어 경영했다.

실론은 커피 재배로 유명한 섬이었으나 커피 농장이 병충해로 극심한 경영난에 빠지며 커피 생산자들이 연쇄적으로 파산하는 상황에 놓였다. 립톤은 이러한 1890년대의 황폐한 커피 농장을 값싸게 사들여 홍차 생산지로 탈바꿈해놓았다. 실론을 무대로 홍차 생산에서 유통, 판매에 이르기까지 일관성 있는 시스템을 구축해 홍차 농장이나 고무 농장을 경영했다.

가게 앞에서 저울로 찻잎의 무게를 달아 판매하는 방법이 상식인 시대에 립톤은 새로운 전략을 세웠다. 미리 계량해 포장해둔 홍차를 가게 앞에서 판매하는 방법을 도입한 것이다. 간편하고 청결한 이 판매 방법은 호평을 얻었고 홍차 문화가 일반 대중에게 급속도로 보급되는 데 큰 역할을 했다. 훗날 립톤은 빅토리아 여왕으로부터 기사 작위를 받아 토마스 립톤 경이 되는데, 여기에는 그의 공적 가운데 막대한 자산을 왕실 관련의 자선 사업에 기부한 일이 가장 결정적이었을 테다. 립톤은 평생을 혼자 살았고 재산을 상속해 줄 가족도 없어서 개인 자산을 자선 사업에 기부했다고 한다.

19세기에는 애프터눈 티

19세기 중반 영국 상류 사회에 애프터눈 티 문화를 도입한 사람은 베드퍼드 공작의 부인인 안나 마리아이다.

낮에는 일하고 밤에는 극장이나 음악회 등에서 예술을 감상하는 라이프스타일이 도입되면서 저녁 식사 시간은 서서히 늦어져 오후 8시를 넘어가는 일도 다반사였다. 1일 2식의 식생활이 정착되어 있던 상류층에게 오후 8시까지 저녁 식사를 참는 일은 고통스러워서 아침 식사 후의 공복을 달래기 위해 오후 4시쯤에 다과회 시간이 생기게 되었다.

현재의 애프터눈 티 시간에는 홍차, 핑거 샌드위치, 케이크, 비스킷, 스콘, 클로티드 크림 등이 준비되지만 그 원형은 1840년대에 처음 생겼다. 현재는 애프터눈 티 시간에 홍차를 마시는 것이 정석이지만 사실 베드퍼드 공작부인이 즐겨 마신 것은 녹차였다는 설도 있다. 녹차가 고급 차의 대명사였던 사실을 되짚어보면 애프터눈 티는 사실 '오후의 홍차'가 아니라 '오후의 녹차'였을 가능성도 충분하다.

동인도 회사의 차 무역

영국과 아시아 국가의 차 무역(Tea Trade)은 원래 녹차가 주류였고 홍차는 18세기가 되어서야 세력을 확장했다. 17세기까지 차 무역은 당연히 녹차 무역을 가리키는 말이었고 수입원도 당연히 중국과 일본으로 인도나 실론은 안중에 없었다. 인도와 실론에서 홍차가 산업으로 정착한 것은 19세기의 일로, 녹차는 17~19세기 동안 무역 품목에서 늘 빠지지 않았고 영국 부유층의 열렬한 지지를 받는 고급품이었다.

19세기 후반이 되자 립톤 같은 홍차의 생산, 유통, 판매 과정을 모두 관리하는 기업이 등장하기는 했지만 립톤 이전의 영국에서 차 무역뿐 아니라 아시아와의 직접 무역을 허락받은 곳은 동인도 회사가 유일했다. 동인도 회사는 아시아에서 매입한 녹차와 홍차 등을 자사 범선이나 전세 범선으로 운반하여 런던에서 팔았다.

포트넘 일가가 동인도 회사에서 근무했던 것처럼 트와이닝 일가도 동인도 회사의 사원이었다. 해적들이 설립한 동인도 회사의 존재를 무시하고 차 무역을 논하는 일은 불가능하다.

향신료, 커피, 녹차, 홍차 등의 무역 상품은 영국 해적과 그 후예가 주도해 이룬 성과다. 영국의 사회와 문화를 되돌아보는 데 필수 요소인 커피 하우스 문화, 홍차 문화, 클럽 사회 등이 가진 역사의 단면을 잘라보면 어느 하나 빠짐없이 해적 비즈니스에 기대어 이루어졌다는 사실을 알 수 있다.

제5장

빼앗긴 노예,
카리브 해의 설탕 무역

밀수로 모은 자금을 여왕에게 바쳤
던 거물 해적 존 호킨스

1. 달콤한 약 - 설탕의 등장

스페인, 포르투갈과 어깨를 나란히 하는 대국이 되고자 했던 영국의 권력자들은 '모험 상인'이라고 불리는 거물 해적과 손을 잡고 약탈 행위를 일삼으며 경제력의 기반을 튼튼히 다지고 있었다. 해외 무역을 통해 무역 강국이 되자는 발상이 처음 떠오른 때는 엘리자베스 여왕의 통치 시기였다.

무역이라는 말은 어감은 좋으나 향신료로 대표되는 상품 무역 외에 영국이 참가한 무역에는 공공연하게 알릴 수는 없는 특수한 것도 포함되어 있다. 그것은 인신매매였고 심지어 밀수였다.

제5장에서는 엘리자베스 여왕과 거물 해적 호킨스가 관여한 대규모 흑인 노예 밀수에 대해 알아보려고 한다.

여왕 폐하의 밀수

엘리자베스 여왕은 영국 국민에게 밀수를 엄격하게 금지하는 한편 본인은 해적과 함께 조직적으로 밀수를 활발하게 진행했다. 밀수 조직은 영국 국민의 눈이 닿지 않는 머나먼 대서양에서 서아프리카와 카리브 해를 잇는 항로를 개척해 서아프리카의 흑인 노예를 몰래 들여왔다. 당시 카리브 해는 스페인의 식민지 지배권에 속해 노예무역은 포르투갈에게만 허용된 상태여서 영국 등 제3국은 절대 끼어들 수 없었다. 영국은 로마 가톨릭계와 사이가 틀어진 개신교 국가로서 스페인과는 적대 관계에 놓여 있었다.

다만 서아프리카는 포르투갈의 지배를 받고 있었고 노예무역은 포르투갈의 전매특허라 아무리 카리브 해를 꽉 쥐고 있어도 스페인은 흑인 노예를 거래할 때 포르투갈이 부르는 값에 휘둘리는 수밖에 없었다. 엘리자베스 여왕과 해적은 낮은 가격에 많은 흑인 노예를 조달하고 싶은 스페인의 본심과 포르투갈에 쌓인 불만을 틈타 노예무역에 진입했다.

스페인 식민지에 흑인 노예를 저가로 판매하는 방법을 구상한 영국은 밀수에 손을 대었다. 스페인 본국은 영국 선박 등 외국선이 노예무역에 진입하는 일을 일절 허용하지 않았으나 영국은 이를 무시하고 노예를 밀수했고 카리브 해의 스페인 식민지도 본국 정부의 눈을 속여 영국 해적의 밀수에 가담했다.

서아프리카에서 조달해 온 흑인 노예를 카리브 해의 스페인 식민지에 몰래, 게다가 조직적으로 밀수하는 루트를 개척한 주인공은 거물 해적 존 호킨스다. 그리고 뒤에서 호킨스의 노예무역 계획을 주도한 사람은 엘리자베스 여왕이다.

만병통치약 설탕

영국이 노예무역에 착수한 것은 카리브 해에서 활발하게 이루어졌던 설탕 무역과 관련이 깊다. 설탕이라는 '세계적 상품'이 없었더라면 노예무역도 그렇게까지 성행하지는 않았을 것이다.

카리브 해의 스페인 식민지가 흑인 노예를 그토록 원한 이유는 본격적인 사탕수수 생산에 필요한 많은 노동자를 확보하기 위함이었다. 영국이나 유럽 대륙에서 설탕 소비가 급속하게 늘어나면서 사탕수수 생산은 일대 돌풍을 일으켰다. 사탕수수를 생산하는 열대 지방의 가혹한 더위를 견딜 수 있는 노동자가 대거 필요해진 까닭이다. 그때 희생양이 된 이들이 서아프리카의 흑인들이다.

설탕은 이슬람교도에 의해 이집트에서 지중해 동부로 유입되었고 몰타 섬, 시칠리아 섬, 로도스 섬, 크레타 섬, 그리고 키프로스 섬에서 사탕수수를 재배하면서 대유행의 조짐을 보였다. 11세기 말~13세기 후반의 십자군 전쟁을 거치면서 유럽인은 이슬람교도가 먹는 달콤한 약, 만병통치약인 설탕의 존재를 알게 되었고, 이후 서서히 설탕의 포로가 되어 스스로 설탕을 생산하기에 이르렀다.

왜 설탕이 귀했냐면, 향신료와 마찬가지로 모든 병을 치료하는 의약품으로 인정을 받았기 때문이다. 영양불량 및 영양실조 상태인 환자, 괴혈병 환자에게 설탕을 주었더니 금세 회복했다는 등. 설탕을 먹었더니 열이 금방 내려가고 상처가 빨리 아물었다는 등. 설탕의 효능에 관한 이야기는 너무 많아 일일이 셀 수 없을 정도다. 근대 의학이 발달하지 않았던 당시의 사람들은 설탕을 구하기 위해 앞 다투어 달려들었다. 설탕은 전 세계에서 귀하게 여겨졌고 영국과 유럽 대륙을 중심으로 비싸게 거래되었다.

카리브 해에서 설탕을 생산하다

당시 설탕의 원료는 사탕수수였다. 설탕을 안정적으로 수입하기 위해서는 사탕수수를 직접 생산하는 수밖에 없었다. 그러나 설탕은 아무 곳에서나 재배할 수 있는 작물이 아니었고 열대 지방이나 아열대 지방에서만 생산 가능한 산품이었다. 북반구에 위치해 겨울이 혹독한 영국과 유럽 대륙에서 사탕수수를 재배하는 일은 불가능했다. 그래서 대국 스페인은 사탕수수 생산의 거점으로 1년 내내 기후가 따뜻한 카리브 해에 눈독을 들였다.

사탕수수는 재배에서 수확까지, 타는 듯한 더위 속에서 많은 노동력을 필요로 했다. 이러한 노동 집약형 사탕수수 재배를 게다가 대규모로 운영하지 않으면 영국과 유럽 대륙의 수요를 도저히 충당할 수 없었다. 또 카리브 해 섬 주민들의 인력만으로는 한계가 있어서 설탕 생산을 계획적이고 만족스럽게 실시하지는 못했다. 이러한 상황에서 스페인이 한 가지 묘책을 찾아냈다. 바로 서아프리카의 노예 해안이나 황금 해안(지도 204쪽)에서 대량의 흑인 노예를 계획적으로 수입해 노동력으로 동원하는 방법이다.

스페인의 아프리카인 노예 수입에 뒤이어 참여한 나라는 이베리아반도에서 어깨를 나란히 하던 포르투갈이다. 아프리카 대륙은 포르투갈이 점령한 곳이어서 아프리카에서 흑인 노예를 조달하려면 포르투갈의 조력이 반드시 필요했다.

로마 가톨릭 왕국의 쌍벽을 이루는 스페인과 포르투갈이 평화롭게 공존하면서 당시 로마 교황도 관여한 세계 영토 분할 작업이 진행되었다. 영토 분쟁과 관련한 협상 가운데 가장 유명한 협정은 토르데시야스 조약(1494년)일 테다. 이 조약 체결 이후, 세계는 대서양을 축으로 하여 동서로 나누어졌고, 서쪽은 스페인이 그리고 동쪽은 포르투갈이 차지했다.

로마 교황은 꽤 대담하게 세계를 쪼개 놓았는데, 자신들을 제외한 나머지 세계의 존재를 알지 못하고 그 땅에 가보지 못한 상황을 생각해보면 도무지 이해하지 못할 행동은 아닌 것 같다. 스페인은 남북 아메리카 신대륙을, 포르투갈은 아프리카, 대서양의 제도, 그리고 동인도 회사를 점유했다. 점유라고 해도 완전히 집어삼킨 것은 아니고 해외 진출 시 협력한다는 정도였다. 하지만 그 후로도 경계선이나 점유 범위와 관련된 양국의 막바지 교섭은 진행되었고, 그 결과 남아메리카의 브라질은 포르투갈이, 대서양의 카나리아 제도는 스페인이 가져가는 것으로 마무리되었다.

제노바 자본과 포르투갈

이쯤에서 이탈리아반도의 제노바 상인을 짚고 넘어가야 한다. 제노바 상인은 포르투갈과 결탁해 지중해 제도에서 재배된 사탕수수 묘목을 대서양 제도로 반입해 포르투갈이 설탕을 생산하는 데 협력하며 순조롭게 힘을 키워나갔다. 당시 포르투갈이나 스페인의 왕실에 제노바인이란 이른바 금고지기와 마찬가지로, 그들은 재력을 발휘해 포르투갈 왕실과 깊은 연을 맺었다.

당시 제노바는 14세기 후반 지중해 동부에서 벌어진 베네치아와의 패권 투쟁에서 패배하면서 도시 국가의 존망이 걸린 위기 앞에 놓여 있었다. 지중해 동부 및 대서양 등지에서 어떻게 해서든 살아남을 방법을 찾아야 했던 제노바의 상인과 금융업자들은 포르투갈의 장래성에 모든 것을 걸고 포르투갈로 이주했다. 이렇게 포르투갈과 제노바 상인 및 금융업자는 상호 의존 관계를 맺게 되었다. 참고로 아메리카 대륙과 카리브 해를 발견한 위업을 남긴 크리스토퍼 콜럼버스도 제노바에서 태어났다. 콜럼버스는 포르투갈과 스페인을 전전하며 항해를 후원해줄 사람을 찾아다녔다고 한다.

15세기에 포르투갈은 제노바인의 거대 자본을 뒷배로 두고 대서양의 마데이라 제도(모로코 연안)나 서아프리카에서 사탕수수를 재배하고 유럽 대륙에 설탕을 수출하는 구조를 거의 완성했다. 16세기에는 브라질에서도 사탕수수를 재배하는 대규모 농장 사업에 뛰어들었지만 안정적인 노동력 확보 문제로 항상 골치를 앓았다. 이 난문의 해답으로 흑인 노예가 떠오르면서 포르투갈의 해외 진출은 날개를 달았다. 설탕 생산과 노예무역은 표리일체의 관계이므로 흑인 노예가 없었더라면 설탕 산업은 결코 성장하지 못했을 것이다.

포르투갈이 흑인 노예를 조달하기 시작한 때는 15세기 후반이고, 노예무역의 시스템이 거의 완성된 때는 16세기이다. 누구나 갈망하는 설탕의 생산과 유통 라인을 거머쥔다면 막대한 이익은 자동으로 따라올 터였다.

스페인의 진입

포르투갈의 설탕 무역 독점에 제동을 건 나라는 대국 스페인이었다. 설탕 비즈니스를 독점하는 포르투갈에 자극을 받은 스페인은 16세기에 돌입하며 대서양의 카나리아 제도와 카리브 해에서 설탕을 생산했다.

1545년 남아메리카에서 포토시 은광을 발견하고 이듬해 멕시코에서 대규모 은광을 찾아낸 스페인에게 다음 과제는 설탕의 생산과 유통 라인에 진입하는 일이었다. 카리브 해의 설탕 생산 산업이 안정 궤도에 오르면 세계 경제를 쥐락펴락하는 '은과 설탕'을 동시에 손안에 넣을 수 있었다. 그래서 설탕 생산에 필수 요소인 노동력을 얻기 위해 아프리카 흑인 노예를 끌어와야만 했다. 초기에는 포르투갈의 무역 상인을 통해야 아프리카 흑인 노예를 안정적으로 수입할 수 있었다. 스페인은 흑인 노예를 수입할 때 울며 겨자 먹기로 포르투갈과 독점 계약을 맺었다. 포르투갈이 멋대로 책정한 값에 노예를 구입하는 계약은 당연히 스페인에 불리했다.

이러한 배경에서 영국의 '모험 상인' 즉 해적들은 노예 조달에 난항을 겪는 스페인 식민지의 약점을 파고들어 노예무역 시장에 한 발 한 발 진입할 수 있었다.

2. 영국과 노예무역

노예무역의 규모

카리브 해의 스페인 식민지를 상대로 한 노예무역에서 영국이 대체 어느 정도의 이익을 얻었는지는 정확하지 않다. 특히 16세기 후반, 엘리자베스 여왕이 깊이 관여한 노예 밀수는 현재도 베일에 싸여 있어 전체상을 소상히 밝히는 일은 매우 어렵다. 여왕의 지시로 행해진 밀수의 특성상 '모험 상인'들은 노예무역에 흔적을 남기지 않으려 매우 조심스럽게 움직였다. 그래서 영국이 카리브 해에 밀수한 노예의 수나 매각 금액에 대한 정확한 증거가 없어 단편적인 정보를 재구성하여 노예무역의 실태를 알아보는 수밖에 방법이 없다.

영국의 노예 밀수선이 스페인으로부터 습격을 당하는 바람에 선단장인 존 호킨스가 영국 해군에 제출한 피해 보고서에 따르면, 흑인 노예 57명을 잃은 손해액은 9,120파운드로 계산되어 있다. 우수한 노동력인 젊고 건강한 노예의 시가는 1명당 160파운드였다. 이 계산법 그대로 손해를 따져보면 밀수 1회 시 이익은 국가 예산 1년분인 왕실 세비(약 20만 파운드)의 5%에 해당하는 금액이므로 노예 밀수가 얼마나 고수익을 창출하는 사업이었는지 어느 정도 짐작이 간다. 엘리자베스 여왕에게 노예무역은 매우 중요한 자금원이 틀림없다.

　영국이 노예무역에 관여한 때는 1560년대이고 영국 의회가 노예무역을 폐지한 때는 1807년이다. 하지만 폐지 이후에도 노예 밀수는 한동안 계속되었고 최종적으로 노예 제도가 폐지된 때는 1833년이다. 다시 말해 영국은 16~19세기에 걸쳐 약 270년간 노예무역을 쉴 새 없이 이어왔다. 그동안 1천만 명이 넘는 흑인 노예가 카리브 해와 남북아메리카 대륙에서 매각되었고 영국, 포르투갈, 프랑스 등은 노예무역으로 풍족한 생활을 영위했다. 영국이 노예무역을 통해 얼마만큼 자산을 형성했는지 명확히 나타내는 자료는 거의 없다. 하지만 가난한 이류 국가였던 영국이 부유한 일류 국가로 발전하는 과정에서 노예무역으로 얻은 이익이 큰 역할을 했다는 사실에는 의심의 여지가 없다.

　증기 기관을 발명(1775년)하여 영국에 산업혁명을 초래한 제임스 와트마저도 노예무역과 떼려야 뗄 수 없을 정도로 밀접하게 연관되었다고 주장하는 이도 있다. 카리브 해에서의 노예무역과 설탕 생산을 통해 거액의 자금이 영국 본토로 흘러들어오면서 그 자금은 금융 기관에 착실히 쌓였다. 그렇게 모은 거액의 자금을 연구 개발비로 투자한 덕분에 제임스 와트가 증기 기관을 발명할 수 있었다는 이야기다.

리버풀 항에는 노예무역에 이용한 건물이 있는데 이들 건물을 보고만 있어도 영국이 노예무역으로 쌓은 막대한 부를 실감할 수 있다. 그리고 영국이 카리브 해에서 본격적으로 식민지화 사업에 나서면서 수중에 넣은 첫 식민지 자메이카에서는 설탕 농장주(Planter)의 호화 저택과 손질이 잘 된 정원을 곳곳에서 볼 수 있다. 이 또한 노예무역이 남긴 역사적 산물이다. 영국이나 유럽 대륙에서 자메이카로 조달한 고급품을 통해 노예무역으로 쌓아 올린 국가들의 옛 명성이 어떠했는지 가늠할 수 있다.

여왕의 금고 파수꾼 호킨스

16세기에 엘리자베스 여왕을 포섭해 영국의 노예무역을 출범한 사람은 해적과 무역 상인의 두 얼굴을 가진 '모험 상인', 존 호킨스였다. 그는 훗날 스페인 무적함대와의 전투에서 영국 함대를 승리로 이끈 공적으로 기사 작위를 받는다. 영국 남서부 데번주(州)의 항구 도시 플리머스 출신인 호킨스는 거상 호킨스 가문의 후계자였고, 아버지 윌리엄 호킨스는 국왕 헨리 8세를 섬긴 모험 상인으로 알려져 있다. 존 호킨스는 유년 시절부터 아버지와 함께 스페인, 포르투갈, 프랑스, 네덜란드의 항구를 자주 방문하며 일찍이 모험 상인의 길을 걸었다.

대대로 영국 왕실을 섬기는 호킨스 가문의 전통을 계승한 존 호킨스는 엘리자베스 여왕이 통치하는 시기에 '여왕 폐하의 해적'이 되어 스페인과 포르투갈 선박을 습격해 얻은 고가의 약탈품을 여왕에게 헌상하는 금고 파수꾼의 역할을 톡톡히 했다. 더욱이 여왕의 왕실선을 활용한 노예무역 사업을 출범하는 등 엘리자베스 여왕의 치세를 금전적으로 지지하는 유력한 해적 중 한 명이었다. 부자가 2대에 걸쳐 플리머스 시장으로 취임하는 등 호킨스 가문은 자신의 고장에서 은연중에 큰 영향력을 행사했다.

이 호킨스 가문에 어린 시절부터 맡겨진 친척이 제1장에 등장했던, 이후 세계 일주 항해라는 위업을 달성하는 인물인 드레이크다. 호킨스 가문에 신세를 지면서 프랜시스 드레이크 역시 어릴 적부터 항해술과 해적질을 익혔다. 이곳에서 드레이크는 처세술도 익혔는데 특히 그리스도교의 다른 종파에 능숙하게 대처하는 법을 배웠다. 로마 가톨릭이 주류인 당시 유럽 대륙에서 영국과 네덜란드에서는 신종파인 개신교가 서서히 흥성했기에 로마 가톨릭과 개신교의 종교 갈등은 갈수록 심해졌다.

호킨스 가문에서는 서로 다른 그리스도교의 종파에 대한 유연한 자세가 가훈이었다. 만약 영국 여왕이 로마 가톨릭교도이면 구교도가 되어 따르고 반대로 여왕이 개신교도이면 신교도처럼 행동하는 등 그 시대 권력자의 의향을 존중하며 임기응변으로 대응했다. 그렇게 해서 호킨스나 드레이크는 그리스도교의 종파 갈등이 섞인 권력 다툼 속에서도 끈질기게 살아남을 수 있었다.

카나리아 제도를 해외 거점으로

호킨스가 어떠한 경위로 노예무역에 착수했는지 알아보도록 하자.

대서양의 카나리아 제도는 작은 새 카나리아의 원산지로 잘 알려져 있다. 카나리아는 이 제도에서 번식하며 살았는데 어느 스페인인이 본국으로 들여가면서 섬에서 이름을 따왔다.

영국과 유럽의 범선이 대서양을 가로질러 아프리카 대륙의 연안을 따라 밑으로 내려가면서 항해하는 동안 식료품 및 식수 보급, 선원 휴양, 선체 수리는 필수적이었다. 숨이 턱턱 막히는 사막을 지나는 이슬람 상인이 숨을 돌리려 들르는 것처럼 뱃사람에게 카나리아 제도와 아소르스 제도, 마데이라 제도, 그리고 카보베르데 제도는 대서양의 오아시스였다.

원래 이 4개의 제도(諸島)는 해양 강국을 꿈꾸는 포르투갈이 해외무역을 중계하는 곳이었으나 스페인과의 점유권 다툼 끝에 카나리아 제도는 스페인에 귀속되었다. 스페인은 겉으로는 영국의 노예무역 진출을 허용하지 않았지만 노예를 제외한 상품 무역에는 영국인 무역 상인을 받아들여서 호킨스는 카나리아 제도에 기항할 수 있었다.

호킨스는 유럽 국가들과의 무역에서 영국제 모직물을 수출하고 그 대금으로 향신료, 설탕, 와인 등의 고급품을 매입한 뒤 귀국해서 비싸게 판매하는 식으로 돈을 벌었다. 상인 기질이 다분한 호킨스는 어느 날 이익을 대폭 늘리고자 판로를 확대할 방법을 찾기 시작했다.

그때 그의 눈에 들어온 것이 스페인과 포르투갈의 해외 식민지였다. 예컨대 스페인 본국에는 약점을 잡히고 복종하는 무역을 강요당하지만 카나리아 제도에서는 교섭만 잘하면 유리한 입장이 될 수 있다는 사실을 깨닫는다. 카나리아 제도는 동인도와 서아프리카의 상품을 유럽 대륙으로 수송하는 중요 중계지였다. 비유하자면 동남아시아의 항구 도시 말루쿠나 싱가포르와 비슷하다. 더불어 카나리아 제도는 설탕과 와인의 주생산지여서 현지 가격으로 설탕과 와인을 매입할 수 있어 호킨스에게는 절호의 섬이었다.

카나리아 제도를 거점으로 두면, 유럽 제품을 카나리아 제도를 경유해 포르투갈령 서아프리카로 들여간 다음, 판매 대금을 서아프리카에서 캐낸 금이나 상아로 교환하는 방식으로 무역을 한층 더 다각화할 수 있었다. 아이디어를 떠올린 호킨스는 곧바로 해외 무역 거점지 만들기에 돌입했다. 카나리아 제도 가운데에서도 테네리페 섬에서 스페인인 유력자를 동업자로 끌어들이는 데 성공하며 그의 계획은 막힘없이 진행되었다.

　당시 테네리페 섬에서는 폰세 가문과 솔라 가문이 무역을 틀어쥐고 있었다. 호킨스는 기항할 때마다 2대 가문과 빈번히 접촉해 친하게 지내면서 식료품 및 식수 보급, 선체 수리, 원양 항해에 필요한 수로 안내인 섭외, 스페인이나 포르투갈 선박에 관한 항해 정보 입수 등 포괄적인 파트너십을 맺었다. 평소에 우호 관계를 맺어둔 덕분에 호킨스는 돈벌이에 도움이 되는 노예무역에 대한 정보를 쉽게 얻을 수 있었다.

노예무역의 정보

스페인령인 카나리아 제도에서는 스페인에 대한 정보가 풍부했다. 예를 들어 스페인은 남아메리카나 카리브 해의 식민지에서 대규모 설탕 생산 사업을 계획했으나 충분한 노동력을 현지에서 조달하는 데 실패하며 계획이 틀어져 곤란한 처지에 놓였다는 내용이다. 만성적인 노동력 부족 문제를 해결하기 위한 최후의 수단으로, 포르투갈의 노예 상인을 통해 스페인 식민지에 서아프리카 노예를 들여오고 있다는 등 영국 본국에서는 알 수 없는 비즈니스 정보가 돌았다. 이렇게 포르투갈이 노예무역으로 큰돈을 벌고 있다는 소문이 호킨스의 귀에 들어갔다.

스페인은 포르투갈을 거쳐 흑인 노예를 구매하기로 약속했기 때문에 영국 등의 제3국이 카리브 해의 노예무역에 새로 진입하기란 매우 어려운 일이었다. 하지만 카리브 해에 있는 스페인 식민지가 노예 밀수를 묵인해 준다면 영국은 실질적으로 노예무역에 참여할 수 있었다. 호킨스는 카나리아 제도 테네리페 섬의 2대 가문과 손을 잡고 치밀한 밀수 루트를 개척했다. 이 밀수 루트는 훗날 영국~서아프리카~카리브 해의 3곳을 잇는 '삼각 무역'(Triangular Trade)으로 알려진다.

17세기 후반~18세기에 영국은 카리브 해에서 독자적으로 식민지를 획득하면서 밀수가 아닌 정부 공인으로 노예무역을 진행하게 된다. 영국의 리버풀 항에서 싣고 간 총·화약·금속제품·직물을 서아프리카 왕국에서 흑인 노예와 물물 교환한 다음 노예를 카리브 해의 스페인 식민지에 넘기는 식이었다. 더구나 물물교환으로 매입한 설탕·당밀·담배 등을 영국 본국에서 비싸게 되파는 루트도 구축했다. 이 방식을 '삼각 무역'이라고 부르고, 서아프리카에서 카리브 해까지 가는 항해 루트는 '중간 항로'(Middle Passage)라고 한다. 삼각 무역의 중심이자 중간 항로의 중계지가 바로 카나리아 제도다.

호킨스에게 노예 조달은 새로운 도전이었고 카리브 해를 향한 대서양 항해는 미지의 세계였다. 카나리아 제도를 장악한 그 지역 유지들은 대서양 횡단 항해에 능한 스페인 출신 수로 안내인도 소개해 주는 등 말 그대로 수족이 되어 호킨스의 노예무역을 뒷받침해 주었다.

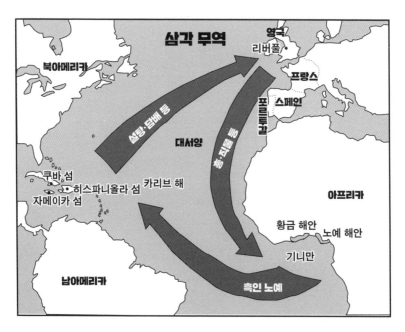

험난한 노예 확보의 길

흑인 노예를 카리브 해로 밀수하면 큰돈을 벌 수 있다고 확신한 호킨스는 여왕 측근에게 노예무역의 정보를 제공하며 엘리자베스 여왕을 포섭하여 노예 밀수를 꾀했다. 그러나 어떻게 해서 서아프리카 흑인 노예를 확보할 것인가 하는 문제가 제기되었다.

아무런 대책 없이 서아프리카에 그냥 가도 흑인 노예를 간단히 확보할 수 있으리라는 기대는 현지에서 무참히 깨졌다. 무장한 호킨스 선단의 선원들이 아프리카인을 아무리 쫓아다닌다 한들 수십 명이면 몰라도 수백 명 단위의 노예를 확보하기란 역부족이라는 사실을 뒤늦게 깨달은 것이다. 현지 흑인들이 해안에서 정박하고 있는 호킨스 선단을 발견하면 내륙으로 도망가는 바람에 흑인 집단을 찾아내는 일조차 쉽지 않았다. 현지 인맥과 지리에 대한 지식이 없는 상황에서 호킨스 선단의 선원들은 흑인 부족의 독 바른 창과 바람총 공격으로 목숨을 잃었다. 아프리카에 도착만 하면 손쉽게 노예를 얻을 수 있다는 생각은 큰 착각이었다.

그렇다면 포르투갈은 어떻게 해서 수백 명 단위의 노예를 확보할 수 있었을까? 이 질문의 해답은 '장소'에 있다. 광활한 아프리카 대륙에서도 포르투갈이 점찍은 곳은 훗날 '노예 해안'(Slave Coast)라고 불리는 기니만 연안의 한 귀퉁이였다. 지금으로 말하면 나이지리아 라고스와 니제르 델타 일대의 해안 지대를 가리키며, 북위 5도와 동경 5도가 교차하는 지점이다. 이 지역은 절대 권력을 가진 흑인 국왕이

다스리는 곳이었으므로 그 국왕과 거래하면 주변의 적대 부족 사람들을 수백 명 단위로 데리고 가는 일이 가능했다.

노예의 주요 공급원은 부족 간의 전투에서 패배해 포로가 된 쪽이었다고 한다. 아프리카 부족 사회에서는 부족 간의 전투가 끊이지 않았고 싸움에서 진 부족은 승자의 포로나 노예가 되었다. 포르투갈인은 스스로 흑인 노예를 획득한 것이 아니라 현지 흑인 국왕과 결탁한 덕분에 노예무역을 계속해서 꾸려나갈 수 있었다. 이들의 거래는 유럽의 고급품과 흑인 노예의 물물교환으로 성립되었다.

흑인 왕국의 또 다른 권력자를 모색하고 독자 루트를 개발하여 대량의 흑인을 확보하는 방법도 있었지만 인맥도 지리 감각도 없는 호킨스에게 희망은 보이지 않았다. 그러나 아무 소득 없이 돌아갈 수는 없어서 호킨스는 포르투갈 상인의 손을 빌려 흑인 국왕과 노예 거래를 트거나 아니면 포르투갈 상인에게 도매가로 노예를 매입하는 등 결국 포르투갈에 의존하는 노예무역을 고려하게 되었다.

하지만 그렇게 확보한 노예를 카리브 해의 스페인 식민지에서 되팔아 봤자 이미 비싼 도매가를 치렀으니 만족스러울 리가 없다. 생각을 고친 호킨스는 이익을 최대한으로 늘리기 위해 대서양에 잠복해 있다가 포르투갈의 노예선이 지나가면 노예선을 통째로 약탈하는 노략질을 감행하기로 결단한다. 수백 명의 노예는 물론 영국 선박보다 성능이 뛰어난 포르투갈 선박도 얻는 일석이조의 효과를 볼 수 있었다. 노예를 가득 실은 포르투갈 선박을 영국 선박으로 위장해 카

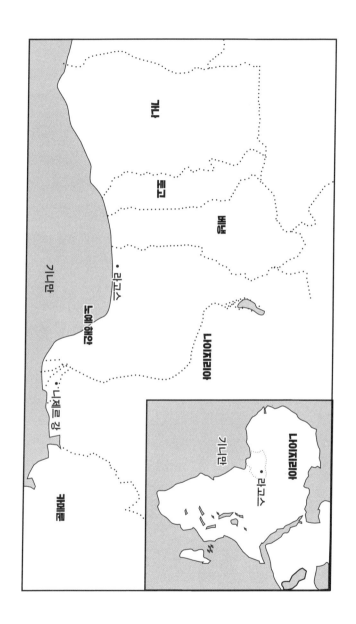

기니

말리

베냉

기니만

라고스

노예 해안

나이지리아

니제르 강

카메룬

기니만

라고스

나이지리아

리브 해에서 노예를 매각한 다음, 설탕을 가득 실어 본국의 플리머스 항으로 끌고 가 영국 선단에 합류시키면 됐다. 호킨스는 이 같은 강압적 방법으로 노예무역을 확장해 나갔다. 이렇게 해서 16~17세기에 포르투갈 선박 수는 줄어드는 대신 영국 선박 수는 늘어났다. 영국은 범선을 훔치면서 선단의 양적 규모를 급격하게 키워나갔다.

카리브 해 밀수

카리브 해의 스페인 식민지에서는 포르투갈 선박이 흑인 노예를 조달하는 정기 루트가 확립되어 있어서 영국 선박과의 거래는 엄격히 금지되었다. 그럼에도 불구하고 호킨스가 노예무역에 진입할 수 있었던 이유는 시장가보다 낮은 금액으로 가격을 설정하고 금지된 품목이라 할지라도 상대방이 매달릴 만큼 영업 수완이 세련되고 좋았기 때문이다. 호킨스가 풍기는 그저 그런 약탈꾼과는 다른 뛰어난 협상가의 면모는 스페인 주재관이나 정보기관이 본국에 보고서로 제출했을 정도다.

스페인 식민지는 호킨스 덕분에 이전보다 저렴하게 노예를 구매할 수 있게 되었다. 한편 해적에 골머리를 앓던 포르투갈은 엘리자베스 여왕에게 자신들의 노예선을 공격하고 약탈하는 호킨스의 해적 행위를 여러 차례 항의했다. 해적에게 받은 피해는 방관할 수 있을 만한 수준이 아니었을 테다.

스페인 식민지에서 호킨스가 노예를 밀매한 방법은 매우 단순했다. 호킨스는 카리브 해의 스페인 식민지에 도착해서 낮에는 해안가나 항구에서 일광욕을 즐기면서 느긋하게 시간을 보내는 척하면서 스페인인 농장주나 스페인 수비대 장교와 은밀히 접촉했다. 그때 협상을 보고 깜깜한 밤중에 노예를 하선시켜 스페인인에게 넘겼다. '그러고 보니 어느 순간부터 스페인 식민지의 사탕수수 농장에 영국 배를 타고 온 노예들이 일하고 있네?'라는 상황은 그렇게 펼쳐졌다.

스페인 국왕마저 남다른 재주를 자랑하는 호킨스를 인정하면서 스페인이 호킨스를 포섭하려고 시도해도 전혀 이상하지 않게 되었다. 그러면서 영국 여왕에게는 호킨스가 영국을 배신하고 스페인에 붙을지도 모른다는 의심이 싹텄다. 호킨스 선단의 선원이 카리브 해에서 스페인 측에 체포·구속되어 선원들을 다시 데려오기 위해 호킨스가 스페인 식민지 당국과 거래를 한 적이 있는데, 이 사건으로 여왕의 의심은 한층 더 깊어지고 말았다.

호킨스는 스페인 무적함대와의 해전에서 승리를 거둔 공적으로 영국 연합 함대 사령관으로부터 기사 작위를 받고 나서야 비로소 명실상부 '여왕 폐하의 해적'의 명예를 회복했다. 여왕이 가담한 노예무역이 출범한 지 약 20년의 세월이 지나서야 겨우 기사 칭호를 받은 걸 보더라도 호킨스의 지위가 얼마나 미묘했는지 느낄 수 있다.

여왕이 주도한 노예무역

호킨스는 1560년대에 노예무역을 목적으로 네 차례의 무역선단을 편성했는데 그 모든 작업에는 여왕이 관여했다. 호킨스가 카나리아 제도 유지들과 파트너 계약을 맺고 노예무역으로 돈을 벌 수 있다는 확증을 제시하면, 여왕은 노예 선단에 허가를 내리고 왕실선도 제공해 주었다.

제1회 1562년 10월~1563년 8월(선단장 호킨스)

제2회 1564년 10월~1565년 9월(선단장 호킨스)

제3회 1566년 11월~1567년 9월(선단장 라벨=차세대 해적 리더)

제4회 1567년 10월~1569년 1월(선단장 호킨스, 해적 드레이크가 참여)

호킨스는 여왕으로부터 특별 허가를 받고 나서 제1회 노예 무역선단을 편성했다. 런던 시내에서 노예무역 연합체(출자자 조합)가 처음 결성되었고 연합체에는 여왕의 측근, 귀족, 해군 간부, 모험 상인, 투자가가 참여했다.

이 연합체의 간사는 영국 해군의 재정관인 벤자민 곤슨이 맡았다. 영국 해군이 왕실 해군(Royal Navy)이라고 불리는 것처럼 원래 해군은 국왕이 보유하며 왕실에 소속된다. 여왕은 왕실 해군을 동원하여 노예무역을 출범한 셈이다. 노예무역 연합체의 자본금으로 호킨스는 4척의 선박을 조달해 흑인 노예를 카리브 해에서 매각하는 무역망을 구축했다.

호킨스와 같은 플리머스 항 출신인 곤슨은 재무관으로 발탁되어 런던으로 영전해 가면서 권력의 중핵이 되었다. 곤슨에게는 사랑하는 딸 캐서린(18세)이 있었는데 이 아가씨는 나중에 해적 출신의 모험 상인인 호킨스와 결혼한다. 모험 상인 호킨스 가문의 후계자와 해군 재무관 딸의 결혼은 해적과 왕실 해군의 떼려야 뗄 수 없는 깊은 관계는 이를 통해서도 드러난다. 당시 영국에서는 해적선단에 왕실 해군이 사용하는 범선이 동원되거나 반대로 왕실 해군의 원양 함대에 해적선이 참가하는 등 양자는 뚜렷이 구분되지 않았고 서로를 돕는 상호 의존 관계에 있었다.

제1회 원정에서는 원양 항해 도중에 포르투갈 선박을 습격하여 배에 있던 흑인 노예와 대량의 와인을 약탈하고 2척의 포르투갈 선박도 나포해 호킨스 선단에 편입시켰다. 그렇게 해서 호킨스 선단은 총 6척으로 확장되었고 약탈품을 가득 실은 배 한 척을 먼저 플리머스로 돌려보내 연합체 출자자들을 환호하게 했다. 원정 결과, 확보한 노예 400명 중 260명을 카리브 해에서 매각함으로써 영국에 커다란 이익을 가져다주었다.

비록 모든 노예를 매각할 수는 없었으나 고령자나 환자여서 팔리지 않은 140명의 노예를 영국으로 같이 데려온 것은 아닌 듯하다. 당시 스페인 식민지는 그들의 법규라는 이유로 관세나 수수료를 들먹이며 뇌물을 요구했는데, 이때 호킨스는 뇌물 대신 나머지 노예를 제공한 것으로 보인다. 여하튼 영국 본국에 노예를 반입했다는 형적은 없다. 최종적으로 호킨스는 노예 매각 대금에다가 대서양에서 노략질로 빼앗은 대량의 금, 은, 진주, 설탕, 와인, 향신료, 가죽을 싣고 영국으로 돌아왔다. 이것들은 연합체 출자자의 기대를 배반하지 않는 눈부신 성과였으며 특히 여왕의 높은 평가를 받았다고 한다.

호킨스가 직접 나선 노예무역이 대성공을 거두면서 런던의 노예무역 연합체 조직은 곧바로 제2회 원정을 요청했다. 제2회에는 여왕이 친히 왕실선을 제공하는 등 노예무역에 대한 여왕의 관여는 더욱 깊어졌다. 영국의 노예무역은 1560년대에 원형이 완성되고 19세기에 폐지되기까지 270년 동안 대서양을 무대로 상당한 영향력을 행사했다.

여왕이 왕실선을 제공

1564년에 편성된 제2회 노예선단은 엘리자베스 여왕이 빌려준 왕실선 '뤼벡의 예수 호'(700톤)에 호킨스가 마련한 3척(140톤, 50톤, 30톤)을 합쳐 총 4척으로 구성한 선단(합계 920톤)이었다. 톤수를 통해 왕실선이 월등히 큰 대형 선박이라는 사실을 알 수 있다. 즉 여왕이 해적선단의 최대 출자자라는 뜻이다. 호킨스는 300~400명의 노예를 조달해 여왕의 바람대로 스페인 식민지에서 매각해 고수익을 올렸다.

노예무역이 안정적으로 고수익을 제공하는 사업이라는 신뢰가 공유되면서 엘리자베스 여왕을 비롯한 왕실 관계자들은 호킨스가 무역선단을 편성할 때마다 이전보다 높은 비율로 출자했다. 호킨스는 수년 사이에 보유 선박 수를 7척까지 늘리는 등 가업 비즈니스는 순풍에 돛 단 듯 거침없이 진행되었다. 안정적인 성장세를 보인 덕분에 1567년 제4회 노예선단을 구성할 때는 여왕이 수여하는 2척의 왕실선을 받았다. 그 규모에서 여왕이 노예무역에 품은 기대감이 선명하게 보인다.

1566년의 제3회 원정은 호킨스를 대신하여 친척 가운데 라벨이라는 젊은 해적이 지휘를 맡았다. 호킨스는 해군 재무관 곤슨의 딸과 신혼생활을 보내고 있었기 때문에 호킨스 대리로 유능한 라벨이 기용되었다. 이 원정에서는 4척의 범선이 동원되었다. 라벨은 호킨스 가문의 대리인이자 이전까지 카나리아 제도도 여러 번 방문한 차세대 모험 상인으로 기대를 한 몸에 받았던 인물이다. 호킨스의 지시에 따라 라벨 선단은 서아프리카의 기니 부근을 항해하면서 흑인 노예를 가득 실은 포르투갈 선박을 공격해 약 300명의 노예를 약탈했고 호킨스와 사전에 의논한 대로 스페인 식민지에서 노예를 매각했다.

제4회 원정에서는 호킨스가 다시 키를 잡았고 6척의 범선이 동원되었다. 여왕은 왕실선 '뤼벡의 예수 호'와 '미니언 호'(300톤)를, 호킨스는 4척(140톤, 80톤, 50톤, 30톤)의 범선을 제공했다. 이 외에도 7~10톤급의 소형 운반선 몇 척이 따라 다녔는데, 이 운반선도 선단에 포함할지 말지는 문헌마다 다르다. 어찌 됐든 당시 최대 규모를 자랑한 노예선단에 여왕이 쏟은 열의는 대단했다.

호킨스 선단은 서아프리카 연안에서 포르투갈의 노예선을 습격해 약 400명의 노예를 갈취하고 더욱이 서아프리카 연안의 마을을 황폐하게 만들었다. 영국 측 자료에서는 호킨스의 약탈 행위가 자세히 기록되어 있지 않으나 포르투갈이 피해 상황을 정리한 자료에는 영국 노예무역의 참혹한 실태가 드러나 있다.

3. 영국이 얻은 교훈

배신이 낳은 비극 - 산 후안 데 울루아 사건

노예 밀수를 성공적으로 치르며 영국이 막대한 이익을 얻은 것은 사실이나 늘 좋은 일만 있었던 것은 아니다. 만사가 그러하듯 영국도 수많은 실패와 비극을 겪었다. 1568년 9월, 카리브 해에서 영국사(史)에 길이 남을 사건 하나가 발생했다. 멕시코만과 맞닿은 항구 도시 베라크루즈 연안에 산 후안 데 울루아라는 요새가 있는데, 이곳에서 영국 노예선단이 스페인에게 배신당하며 막심한 피해를 보는 사건이 일어났다. 이 산 후안 데 울루아 사건은 영국에게 절대 잊을 수 없는 굴욕의 역사로 기억된다.

어느 날 6척에서 5척으로 규모가 줄어든 호킨스 선단은 예정대로 흑인 노예를 카리브 해의 스페인 식민지에서 매각하고 귀국하려는 차에 강력한 허리케인을 만난다. 허리케인 때문에 선체가 군데군데 부서지고 갑판에서 물이 새는 등 항해하기에는 조건이 너무 열악하고 체력을 많이 소진한 선원들 사이에 괴혈병이나 열병 환자가 점점 늘어나자, 호킨스는 배를 수리하고 선원들에게 휴식도 줄 겸해서 스페인령인 산 후안 데 울루아로 긴급 피난했다. 당시 카리브 해에는 영국 식민지가 하나도 없었기 때문에 영국 선박은 기항하려면 스페인 식민지의 법규를 따라야만 했다.

스페인 식민지 당국으로부터 기항을 허락받은 호킨스 선단이 스페인 측에 우호적인 태도를 보이며 정박에 정신이 팔린 그때, 해안에서 기다리고 있던 13척의 스페인 선단이 호킨스 선단을 기습 공격했다. 그 결과 영국 측은 여왕의 왕실선 '뤼벡의 예수 호'를 포함해 3척의 배를 잃는 등 엄청난 타격을 받았다. 호킨스와 드레이크는 남은 2척을 이끌고 겨우 도망쳤는데 그 직후 호킨스에게 또 다른 비극이 일어난다. 200명의 선원을 거느리던 호킨스의 범선에 식수와 식료품이 다 떨어지자 선원 중 100명은 어쩔 수 없이 하선해야 했고 그 후로도 선원 대다수가 병사하면서 결국 영국에 무사 생환한 사람은 15명에 불과했다. 하선시킬 수밖에 없었던 100명의 운명도 비참할 따름이었다. 선주민에게 학살된 사람이 있는가 하면 스페인 당국의 명령으로 화형에 처해 지거나 노예가 되어 혹사당하는 등 온갖 수난을 겪고 나서도 다시는 고국 땅을 밟지 못했다고 한다. 이러한 비극은 영국 해군과 해적 사회에 대대로 전해지고 있다.

이 사건은 스페인에게는 대서양과 카리브 해를 휘젓고 다니는 해적의 밀수선단을 물리친 영웅담이지만 영국에게는 약속을 어긴 정도로 넘길 수 없는 다른 특별한 의미를 지닌다. 그것은 바로 여왕이 투자한 거액의 재산이 한순간에 증발했다는 점이다.

영국은 스페인 선단의 공격으로 왕실선을 잃은 데다 여왕을 포함한 투자자에게 돌아갈 배당금도 연기처럼 흩어지는 막대한 피해를 입었다. 호킨스가 귀국 후 영국 해군에 제출한 보고서에 따르면 피해 총액은 2만 8,914파운드로, 국가 예산 1년분의 15%에 해당하는 금액이다. 피해액에는 여왕의 왕실선(손실액은 5천 파운드)도 포함된다. 왕실 해군의 주력함뿐 아니라 여왕의 체면까지 떨어트린 이 사건으로 스페인을 향한 영국의 증오와 적대심은 더욱 커졌다.

큰 손실을 본 영국 - 스페인에 복수심을 품다

산 후안 데 울루아 사건이 영국의 해양사(史)에서 유달리 중요하게 거론되는 이유는 무엇일까? 당시 영국과 스페인 사이에서 해적선이 개입한 '배신' 사건은 일상다반사였기에 이 사건만 따로 대서특필할 이유는 없다. 반대로 말하면 이 사건에는 크게 다루어질 만한 진짜 이유가 숨어 있다는 말이다.

첫 번째 이유는 이 사건의 최대 피해자가 엘리자베스 여왕이라는 점에 있다. 여왕이 빌려준 왕실선 '뤼벡의 예수 호'는 격침되었고 선단은 회복 불가능할 정도의 타격을 입었다. 큰손 출자자인 여왕은 보상금을 받지 못했음이 분명하다.

두 번째 이유는 사건 이후 호킨스가 제출한 보고서가 영국 국민의 반(反)스페인 정서를 부추기는 기폭제로 작용했다는 점이다. 머리가 좋은 호킨스는 여왕과 추밀원 양쪽에 모두 공식 보고서를 제출했다. 보고서는 플리머스 항에서 출발해 다시 돌아오기까지의 항해 기록을 담고 있고 특히 기습 공격을 당한 당시의 상황이 상세하게 묘사되어 있다. 호킨스는 런던 주재 스페인 대사가 이 보고서를 입수하기 위해 스파이를 비밀리에 움직이게 할 것도 다 예상하고 보고서를 적었다고 한다. 그래서 피해 총액이 약간 과장되어 있을 가능성도 있다.

세 번째 이유는 호킨스 선단에 참가한 드레이크에 있다. 훗날 세계 일주 항해에 성공하여 국민 영웅으로 추대되는 드레이크가 이 선단에 참가해 생환한 일의 정치적 의미는 무시할 수 없을 정도로 크다. 반(反)스페인 정서로 온 국민을 단합하기 위해 드레이크 같은 국가 영웅의 등장은 꼭 필요했고, 그 재료로 산 후안 데 울루아 사건이 이용되었다는 해석이 성립된다.

영국이 얻은 교훈 - 자메이카 섬을 영국령으로

산 후안 데 울루아 사건으로 영국은 한 가지 교훈을 얻었다. 카리브 해에서 식민지가 하나만 있었더라면 범선 수리도 훨씬 수월하고 선원도 마음 편안히 휴식할 수 있었을 텐데 하는 깨달음이다. 그러면 스페인에 속지도 않고 기습 공격에 맥없이 무너지지도 않았을 것이다.

원양 항해에서는 선체 수리나 정기적인 식료품 및 식수 보급이 필수 요소였다. 위생 상태가 나쁘고 환기도 잘 안 되는 좁은 선내에는 많은 선원이 복작대고 있었다. 항해 기간이 길면 길수록 식료품과 식수는 쉽게 부패했고, 쥐가 배 여기저기에 병원균을 옮기고 다녀 콜레라, 황열병 등의 전염병에 걸리기 쉬운 환경 탓에 해적의 절반 이상은 전투가 아닌 병으로 목숨을 잃었다. 비타민 결핍으로 생기는 괴혈병은 일상이 되었고 탈수 증세로 사망한 사례도 적지 않았다.

그러므로 카리브 해의 어느 섬에 잠시 상륙해 병을 치료하고 휴양하는 일은 목숨과도 직결되었다. 하지만 16세기 카리브 해의 거의 모든 섬은 대국 스페인의 손아귀에 있어 점령을 꾀한 영국의 시도는 모두 실패로 끝났다. 1588년 스페인 무적함대와의 전투에서 영국이 승리하긴 했으나 스페인의 국력은 여전해 상대하기 까다로웠다. 또 다른 경쟁 상대인 프랑스나 네덜란드도 당해내기 어려웠다. 그래도 1623년 영국은 어렵게 세인트키츠 섬을 첫 식민지로 삼는 데 성공하지만 6년 후인 1629년에 스페인군이 섬을 탈환하면서 결국 식민지를 포기해야 했다. 섬의 일부 주민은 몬트세라트 섬으로 이주했지만 1644년에는 프랑스가 이곳을 점령하면서 영국인은 다시 내쫓기는 신세가 된다. 그러던 영국이 고생 끝에 드디어 손에 넣은 본격 식민지가 바로 자메이카 섬이다. 자메이카는 고급 커피로 유명한 블루마운틴의 산지이자 남자 육상 경기 세계 기록 보유자인 우사인 볼트 선수의 고향이기도 하다.

원래 영국은 자메이카 섬의 옆에 있는 히스파니올라 섬(현재의 도미니카 공화국과 아이티)을 카리브 해 최대의 섬 쿠바를 잇는 두 번째 섬으로 물색했으나 스페인 식민지군의 거센 저항으로 점령에 실패하면서 그 대안으로 자메이카를 점령하기로 한다. 이렇게 영국은 1655년에 스페인령 자메이카를 군사 점령했고 1670년에 스페인과 마드리드 조약을 체결한 뒤 정식으로 자메이카를 점유할 수 있었다. 이 일을 발판 삼아 영국은 카리브 해를 제패하는 꿈을 꾸기 시작한다. 자메이카 섬은 이후 주요 설탕 생산지와 담배 생산지로 변모했고 노예무역의 최대 거점 역할을 맡기도 했다.

좀도둑을 넘어 대도(大盜)가 되기 위한 전략 - 해적 국가의 건설

여왕의 얼굴에 흙칠을 한 스페인을 용서할 수 없었지만 당시 영국은 충분한 국력을 갖추지 못한 상태였다. 스페인을 상대로 정면 승부를 펼친다면 영국의 패배는 불 보듯 뻔했다. 그렇다면 어떻게 해야 할까? 스페인과의 전쟁에 대비해 대적할 수 있을 만큼의 국력을 쌓을 때까지, 만약 20년이 걸리는 일이라고 해도 영국은 와신상담하며 겉으로는 스페인과의 우호 관계를 연출하는 방법밖에 없었다. 가능한 한 오래 시간을 벌어 경제력과 해군력을 기르는 일이 중요했다. 물론 적에 대한 정보 수집도 게을리 해서는 안 되었다. 부국강병이라는 정책 방향은 필연이었고 정책을 실현하는 데 첨병으로 활약한 사람들이 바로 '해적'이다.

'여왕 폐하의 해적'은 산 후안 데 울루아 사건을 계기로 점점 더 여왕의 비밀 부대나 특수 부대의 성격을 띠며 스페인이나 포르투갈 선박을 빈번하게 습격하고 재화를 빼앗는 역할을 강화했다. 특히 드레이크로 대표하는 전술이 뛰어난 해적은 스페인 선박에 복수심을 품고 스페인 재물선을 계획적이고 조직적으로 약탈했다. 여왕에 협력한 해적선을 후세 영국에서는 '사략선'(私掠船)이라고 부르는데, 이는 엘리자베스 여왕 시대의 해적선을 국익의 관점에서 미화하고 정당화한 말이다. 16세기에 사략선이라는 단어는 존재하지 않았다.

산 후안 데 울루아 사건 이후 영국은 가상 적국 스페인에 대한 전략을 다시 세우면서 스페인 선박을 노린 해적질을 본격적으로 감행했다. 제1장에서 설명한 것처럼 해적질을 국가의 핵심 대외 정책으로 설정해, 그저 스페인 선박을 습격하고 재화를 약탈하는 것에서 그치지 않고 선박을 통째로 빼앗아 영국의 해적이나 왕실 해군 선단에 합류시켰다. 영국은 장기적 관점에서 자신의 해상권을 증강하는 데 이만한 방법이 없다고 확신했다.

대국 스페인이나 포르투갈과의 경쟁에서 밀리지 않고 전쟁에서

승리를 거머쥘 수 있는 지름길은 좀도둑보다 대도가 되는 일, 이것이
야말로 엘리자베스 여왕 시대의 핵심 국가 전략이었다. 해적을 철저
하게 이용해 강한 국가를 건설하는, 다시 말해 '해적 국가'의 건설은
영국의 최대 목표였다.

마치면서

국명(國名)에 대해

이 책에서는 영국이라는 나라 이름을 사용하고 있으나 원래는 잉글랜드(England)라고 표기해야 한다. 16세기에는 영국이라는 단일 국가가 없었고 잉글랜드 왕국, 스코틀랜드 왕국이 존재했다. 책의 주인공인 엘리자베스 1세는 정식으로는 잉글랜드의 여왕이다. 잉글랜드가 1707년에 스코틀랜드를 합병하여 연합 왕국(United Kingdom)을 설립하기 전에는 2개의 왕국이 공존했다. 따라서 여왕이라는 호칭도 왕국의 영향을 받는다. 메리라는 이름의 여왕은 16세기 잉글랜드에도 스코틀랜드에도 존재했기 때문에 종종 헷갈린다. 이 혼란을 방지하기 위해 보통 후자를 '스코틀랜드 여왕 메리'라고 부른다. 흔히 말하는 메리 여왕은 '블러디 메리(피의 메리)'로 잘 알려진 잉글랜드 여왕 메리 1세를 가리킨다.

스페인과 포르투갈은 독립된 별개의 왕국이었으나 스페인이 1580~1640년의 60년간 포르투갈을 지배한 적이 있다. 포르투갈은 그 60년 동안 이베리아반도에서 소멸되었으나 독자의 이해를 돕기 위해 스페인과 포르투갈을 개별 왕국으로 설정한 채 저술했다.

다음은 네덜란드다. 16세기에는 스페인령 네덜란드이었으나 1581년 스페인으로부터 독립하면서 '네덜란드 연방공화국'이 설립되었다. 해수면보다 지반이 낮은 지형적 특성을 살려 '낮은 국가'라는 뜻의 네덜란드를 국명으로 채택했다. 지리적으로는 현재의 네덜란드, 벨기에, 룩셈부르크, 북프랑스 일부를 포함한다. 16세기의 네덜란드를 영어로는 '로 컨트리(Low Country)'라고 표기하는 경우가 많다. 또 네덜란드의 정치 중심지인 홀란트주(州)의 이름을 따와 국명을 '홀랜드(Holland)'라고 표기하는 문헌도 있다.

역법(曆法)에 대해

16~18세기에는 두 종류의 역법 체계가 공존했다. 영국과 유럽 국가들은 원래 고대 로마의 군인이자 정치가인 율리우스 카이사르가 제정한 '율리우스력'을 사용하고 있었는데, 로마 교황 그레고리오 13세가 새로운 역법인 '그레고리력'을 제안하면서 유럽의 로마 가톨릭

국가들은 1582년부터 역법 체계를 바꾸기 시작했다. 하지만 개신교 국가인 영국은 그레고리력으로 바꾸지 않고 계속해서 율리우스력 체계를 사용했다. 그 결과 영국은 유럽 국가들보다 16세기 말~17세기에는 10일, 18세기에는 11일 늦어지는 사태가 발생한다.

이 책의 주인공은 영국의 해적이므로 날짜는 기본적으로 율리우스력을 사용하는 영국의 문헌을 따르고 있다. 그러나 어느 역법을 사용하고 있는지 정확히 판단하기 어려운 문헌도 존재하므로 잘못하여 그레고리력으로 기재했을 가능성도 있다. 영국과 스페인 무적함대의 해전도 영국 문헌과 유럽 문헌에 적힌 교전일이 서로 다르다. 통일되지 않은 역법 체계 때문에 영국과 유럽 사이의 외교나 무역에서 큰 혼란이 발생하기도 했다. 불필요한 혼란을 막기 위해 영국이 1752년에 '신역법'(Calendar Act)을 제정하면서 드디어 역법은 그레고리력 하나로 통일되었다. 이듬해 1753년에는 대영박물관이 개관하는 등 이 시기에는 영국이 유럽 국가들과 대항할 만큼의 경제력을 키웠다는 사실을 알 수 있다. 18세기 중반까지를 다루는 역사서를 읽을 때는 반드시 역법의 차이에 주의를 기울여야 한다.

영국 국교회에 대해

이 책은 구교 로마 가톨릭 세력과 개신교 세력의 갈등을 권력 다툼으로 묘사할 뿐, 교의의 차이에 대해서는 다루지 않는다. 드레이크 등 거물 해적은 어디까지나 국왕, 국가 권력에 복종하는 인물이었기에 종교적으로 유연하게 대응했다.

튜더 왕조(Tuder=1485~1603년) 시대에 국왕 헨리 8세와 왕비 캐서린 아라곤의 이혼 문제가 불거지며 영국은 로마 가톨릭 신도의 총본산인 바티칸과 대립각을 세우게 되었다. 로마 교황이 인정하지 않는 이혼을 결심한 국왕은 1534년에 수장령(首長令)을 제정해 바티칸과의 관계를 끊고 새로운 영국 국교회(Church of England)를 설립한다. 왕비의 시녀인 앤 불린에게 한눈에 반한 국왕이 앤과 결혼하기 위해 영국의 종교개혁에 불을 댕긴 것이다. 이후 로마 가톨릭 수도원의 토지를 몰수하고 수도원 건물을 불태워 버리라는 국왕의 명령에 따라 영국 곳곳에는 그만큼의 공터와 공원이 생겼다. 종교개혁이라는 거친 파도 속에서도 해적은 국가 권력에 충성하는 기계로 동원되었다.

국왕을 섬기며 영국 국교회의 규율과 관습을 '수용'(Conform)하는 신도는 국교도이고, 국교회의 규율을 거부하는 신도는 비국교도(Nonconformists)라고 불린다. 성서만을 권위로 받아들이고 금욕적 도덕관을 바탕으로 규칙적이고 절제하는 생활을 추구하는 청교도(Puritan=퓨리탄)가 대표적이다. 퓨리탄의 어원은 성서의 가르침에 반하는 영국 국교회를 '정화한다(Purify=퓨리파이)'라는 사명감에 있다. 넓은 의미로는 구교도도 비국교도에 포함되지만 이 책에서는 구분하고 있다.

영국의 구교도와 비국교도는 19세기에도 제재와 탄압을 받았다. 1673년에 심사율이 제정되면서 구교도와 비국교도는 문관·무관 상관없이 모든 공직에서 물러나야 했다. 옥스퍼드 대학과 케임브리지 대학은 16세기 이후, 국교도가 아닌 사람의 입학을 받아주지 않았다.(이 제도는 1871년까지 존속되었다.) 비국교도의 자제는 16세기부터 200년 넘게 대학에 진학하지 못했으나 1826년에 드디어 비국교도를 위한 대학, '유니버시티 칼리지 런던'이 설립되었다. 이에 반발한 국교도는 1829년, '킹스 칼리지 런던'을 개교해 대항했다. 엘리자베스 여왕 시대에는 여왕의 측근인 윌리엄 세실 경과 월싱엄 비서장관, 여왕의 금고지기인 토마스 그레셤 등 여왕 주변의 유력자들은 대부분 케임브리지 대학 출신으로 케임브리지 대학의 지위는 비약적으로 높아졌다.